Andreas Lüder

Dem Leben zugewandt

Andreas Lüder

Dem Leben zugewandt

Begegnungen mit Gott im Alltag

Fromm Verlag

Imprint
Any brand names and product names mentioned in this book are subject to trademark, brand or patent protection and are trademarks or registered trademarks of their respective holders. The use of brand names, product names, common names, trade names, product descriptions etc. even without a particular marking in this work is in no way to be construed to mean that such names may be regarded as unrestricted in respect of trademark and brand protection legislation and could thus be used by anyone.

Cover image: www.ingimage.com

Publisher:
Fromm Verlag
is a trademark of
International Book Market Service Ltd., member of OmniScriptum Publishing Group
17 Meldrum Street, Beau Bassin 71504, Mauritius

Printed at: see last page
ISBN: 978-620-2-44165-0

Meiner Frau und den Ärzten gewidmet, die mir in der Krise des Winters 2017 das Leben bewahrt haben

„Der Mensch in Not ist die Menschheit in Not. Wenn es uns gut geht, sind wir Individuen. Wenn es uns schlecht geht, sind wir die Menschheit. Dem Menschen in Not steht alles zu. Und alles ist ihm zuzutrauen."
Michael Köhlmeier, Dein Zimmer für mich allein. Erzählung, Wien-München 1997, S.59

„Sie kehren mir den Rücken zu und nicht das Angesicht. Aber wenn die Not über sie kommt, sprechen sie: Auf und hilf uns!"
Jeremia 2, 27

Inhalt

Zeit ist ...
Gedanken am Jahresbeginn

Ein neues Jahr hat begonnen. Noch liegt es vor mir wie eine leere Kladde – oder wie die Kalenderfunktion auf meinem Smartphone. Vieles paßt da hinein an Wünschen, Hoffnungen, guten Vorsätzen. Nur zu gern möchte ich all dies am besten gleich schriftlich festhalten und so mein Jahr verplanen. Das gäbe mir das gute Gefühl, ich sei selber Herr meiner Zeit. Auch dieses neue Jahr ist Teil meiner Lebenszeit hier auf Erden. Kostbar ist sie, aber auch begrenzt wie bei uns allen.

Doch wie immer kommt es anders. Längst füllen sich die Seiten meines Dienstkalenders für das neue Jahr mit Terminen, wichtigen und auch unwichtigen. Herr meiner Zeit sind wieder mal andere, aber nicht ich. Macht mir das Angst? Letztlich gehört das doch zur beruflichen Routine; jeder kennt das nicht anders. Mit etwas Selbstsicherheit halte ich dem stand, auch wenn so manche meiner Wünsche an das neue Jahr sich schon nach wenigen Tagen erledigt haben.

Zum Jahreswechsel stellt sich mir zuverlässig die bange Frage: Wer ist Herr meiner Zeit? Und mit welchen Gefühlen erlebe ich die Zeit, die mir hier auf Erden beschieden ist? Mit fröhlicher Zuversicht oder starr vor Angst?

Am Neujahrsmorgen hörte ich in den Radio-Nachrichten gleich wieder eine Schreckensbotschaft. Zahlreiche Tote sind zu beklagen, Opfer eines Anschlages auf eine Sylvester-Party in Istanbul. Das neue Jahr beginnt, wie das alte zu Ende ging: Von einem Moment auf den anderen schneidet der Tod die Lebenszeit nichtsahnender Menschen gewaltsam ab – und mit ihr deren Wünsche, Träume und Hoffnungen. Wer also ist Herr unserer Zeit: am Ende doch dunkle Mächte, die auch nach uns greifen könnten? Das Böse? Was ist überhaupt Zeit?

Seitdem ich sie das erste Mal las, gehen mir ein paar Zeilen dazu aus einem Gedicht des amerikanischen Pfarrers und Schriftstellers Henry van Dyke (1852-1933) nicht aus mehr dem Sinn. Die wunderbare Jazz Bigband Graz läßt sie in einer Klangcollage auf ihrem Album „True Stories" („Wahre Geschichten") aus dem Jahr 2016 durch einen Londoner Schauspieler kunstvoll rezitieren. Übersetzt lauten sie:

„Zeit ist zu langsam für die, die warten; zu schnell für die, die sich fürchten; zu lang für die, die sich grämen; zu kurz für die, die sich freuen. Aber für die, die lieben, gibt es die Zeit gar nicht."

Diese Zeilen hätten auch gut zu dem Brautpaar gepaßt, das sich noch am vorletzten Tag des alten Jahres von mir trauen ließ. Wer liebt, vergißt alles um sich herum, auch die Zeit. Wahre Liebe hat die Grenzen der Zeit schon überstiegen. In Jesus hat diese Liebe Gestalt angenommen und ist mitten unter uns erschienen. Das war die Botschaft der Heiligen Nacht; sie ist es auch jetzt noch, an jedem Tag des Jahres. Wer sich dieser unendlichen Liebe anvertraut und Jesus nacheifert, der hat bereits Teil an Gottes Ewigkeit – inmitten aller Hoffnungen und Ängste, die auch dieses Jahr bestimmen werden. Das gibt neuen Lebensmut.

Noch etwas kommt mir in den Sinn: Mit musikalischen Mitteln der Zeit nachzuspüren wie die Grazer Musiker, ist ebenso reizvoll wie wohlüberlegt. Denn was ist Musik anderes als die ganz bewußte Gestaltung von Zeit? Wer ein Instrument spielt oder im Chor singt, weiß das. Jede Note hat ihre eigene Länge, die genau wahrgenommen sein will. Musik vermittelt ein ganz eigenes Gefühl für Zeit. Jazzmusiker nennen das Swing.

Zumindest einen meiner guten Vorsätze für das neue Jahr sollte ich mir also möglichst lange erhalten: die Hoffnung, mehr Zeit fürs Musizieren zu finden. Schließlich vertreibt Musik düstere Gedanken. Das sagte schon der Reformator Martin Luther vor fünfhundert Jahren. Recht hat er. (2017)

Sich fallen lassen

„Ich will dich nicht verlassen noch von dir weichen. ... Siehe, ich habe dir geboten, daß du getrost und unverzagt seist. Laß dir nicht grauen und entsetze dich nicht; denn der Herr, dein Gott, ist mit dir in allem, was du tun wirst." (Jos 1, 5b.9)

Spannender hätte es kaum sein können, auch noch Jahrzehnte danach: Im Radio hörte ich eine Sendung über die erste Überquerung der Alpen mit dem Flugzeug im Jahre 1925. Zwei Jahre später, 1927, wagte sich Charles Lindbergh mit dem Flugzeug über den Atlantik und flog nonstop von New York nach Paris.

Zuvor beschrieb 1925 ein italienischer Luftfahrt-Pionier nach seinem kühnen Flug mit bewegten Worten, wie er mit seiner kleinen Maschine von der Schweiz aus auf die italienische Seite der Alpen geflogen ist. Gar keine weite Strecke, aber vor ihm lag der als unüberwindlich geltende Hauptkamm der Alpen. Zu hoch seien die Berge für ein einmotoriges Flugzeug, warnten Skeptiker.

Mit den aufsteigenden Winden über dem Gebirge gewann der wagemutige Pilot schnell an Höhe. So hoch flog er, daß er den Alpenhauptkamm tatsächlich unter sich lassen konnte und bis nach Italien gelangte. Geschafft! Doch auf der italienischen Seite geriet er plötzlich in heftige Fallwinde, die sein Flugzeug abwärts drückten. Der Motor kam dagegen nicht mehr an. Dabei hatte der Flugpionier das Gefühl, er falle mit seiner Maschine wie ein Stein aus dem Himmel zu Boden. Und so geschah es auch: Bei der Landung ging sie zu Bruch, und der tollkühne Italiener hat den Flug damals nur mit viel Glück überlebt. Aber niemand stieg so hoch hinauf über die Berge wie er.

Das galt damals noch als undenkbar und hat ihn mit einem Schlag berühmt gemacht. Die Sensation war perfekt, trotz der Bruchlandung am Schluß.

Aus heiterem Himmel zu fallen: Das Gefühl kenne ich auch. Und ich bin froh, wenn es andere erwischt und nicht mich. Wenn man uns einfach so fallen läßt, tut das erst einmal weh. Wir brauchen nur die Zeitung aufzuschlagen, und schon stehen uns die Beispiele vor Augen. Fußball-Trainer beispielsweise kennen das zur Genüge. Bleibt der sportliche Erfolg aus, lassen Vereinsvorstände zuallererst den Trainer fallen wie eine heiße Kartoffel. Ein Anruf genügt. Das ist immer die einfachste Lösung; da nützt auch keine Gegenrede.

Die Worte aus dem Josuabuch, die uns in den Gottesdiensten am Neujahrstag Mut zusprechen, halten tapfer dagegen. Hier behält einer die Ruhe, wo alle anderen sich davor ängstigen, daß es sie auch einmal erwischen könnte und man sie einfach fallen läßt - mitten im Leben. Gott aber spricht: „Ich lasse dich nicht fallen und verlasse dich nicht."

Am Beginn eines Jahres wünsche ich mir, etwas von der Ruhe in dieser so kostbaren Zusage mitzunehmen auf meinem Weg durch das neue Jahr. Ich wünsche mir, wir alle könnten dieses große Versprechen Gottes als das Netz begreifen, das er längst unter unserem Leben gespannt hat. Keiner soll das Gefühl haben, einfach fallen gelassen zu sein. Denn den rettenden Grund unter unserem Leben hat Gott für jeden längst ausgebreitet: Er läßt uns nicht fallen. Unter gar keinen Umständen.

Doch all unsere Ängste und Alpträume können wir nicht so einfach abstellen. Das Gefühl, einsam und verlassen zu sein, kennt jeder. Es ereilt uns immer wieder im Leben. Aber Gott teilt mit uns auch diese einsamen und düsteren Momente. Das ist sein Versprechen – zu jeder Zeit und in jeder Lage. Nichts soll uns so einschüchtern, daß wir starr werden vor Angst und uns buchstäblich von allen guten Geistern verlassen vorkommen. Auch nicht wenn wir mit zwiespältigen Gefühlen auf ein vor uns liegendes neues Jahr schauen und noch nicht wissen, was da auf uns zukommt. Gott geht mit uns.

Worte wie diese trostreichen aus dem Josuabuch finden sich darum ganz oft in der Bibel: Binde dein Leben an Gottes Versprechen, daß er bei dir ist. So raten sie uns. Schon das weckt neue Kräfte. Sie wirken der Angst entgegen. Und von solchen neuen Kräften können wir gar nicht genug bekommen in den ersten Tagen eines neuen Jahres. Welche Zuversicht weckt allein dieser eine Satz: „Ich lasse dich nicht fallen und verlasse dich nicht." Das dürfen wir von Gott erwarten - nicht mehr und nicht weniger.

Gott verspricht Josua, ihm beizustehen angesichts all seiner Zweifel, wie es dem Volk Israel im Gelobten Land wohl ergehen wird. Diese unumstößliche Zusage antwortet auch noch auf unsere Angst davor, eines Tages einfach so ins Bodenlose zu fallen. Sie ist die Entgegnung auf unsere Angst davor, daß unsere Kräfte nicht ausreichen, all das zu bestehen, was in einem neuen Jahr auf uns zukommen mag.

Doch zu fallen hat durchaus auch seine angenehmen Seiten. Nicht immer macht uns das gleich Angst. Endlich Feierabend: Mit solch einem Stoßseufzer kehren wir von der Arbeit nach hause zurück und lassen uns zum gemütlichen Zeitunglesen erst einmal in den Sessel plumpsen. Todmüde fallen wir nach vollbrachtem Tagwerk ins Bett und schlafen sofort ein. Oder wir lassen uns einfach so in die Arme eines geliebten Menschen fallen. Wie gut tut solch eine Umarmung.

Wir alle sehnen uns danach, uns auch ganz ohne Angst einfach fallen lassen zu können. Doch wehe, es ist dann niemand da, der uns auffängt. Nichts geht ohne das Vertrauen, daß uns einer hält. Und dieser eine ist unser Gott, der spricht: „Ich lasse dich nicht fallen und verlasse dich nicht."

Kleine Kinder haben uns vorgemacht, wie man mit diesem Versprechen lebt. Voller Vertrauen springen sie einfach drauflos. Auch mein Sohn ist so gesprungen – immer in die Arme seines Vaters. Als er noch klein war, spielte er gern mit mir auf der Treppe. Er stand ganz oben, und ich ein paar Stufen unter ihm. Dann breitete er die Arme aus und ließ sich vornüber fallen, damit ich ihn auffange. Gleich ein paar mal hintereinander wiederholte sich dieses kleine Ritual. Je länger das Spiel dauerte, desto herzhafter lachte er dabei.

Kinder zeigen uns, wie man mit diesem Vertrauen lebt, daß immer einer da ist, der uns auffängt. Ohne groß darüber nachzudenken leben sie wie Jesus. Auch er hat sich in die Arme seines Vaters fallen lassen. In allem, was er tat, hatte er dieses ungetrübte Vertrauen, daß Gott ihm zur Seite steht. So zuversichtlich hat Jesus von Gott gesprochen, in seinem Namen Menschen geheilt und ihnen ihre Schuld vergeben: Vertraut nur auf Gott, der euch nicht fallen läßt.

Auch als er am Leben zu zweifeln begann, weil es in höchster Gefahr war, auch in Leiden und Anfechtung, hat Jesus sich Gott in die Arme geworfen. Bis zum Tod am Kreuz, als er sich von allen und selbst von Gott noch verlassen fühlte. Selbst dann noch hat Jesus nach seinem Vater gerufen.

So steht der Gottessohn für diese unvorstellbare Erfahrung, daß Gott auch dann noch da ist, wenn alle unsere Kräfte uns verlassen und wir uns einsamer fühlen als jemals sonst im Leben: im letzten Moment, bevor wir sterben. Auch wenn wir eines Tages unweigerlich aus diesem Leben herausfallen, versinken wir eben nicht im Bodenlosen. Vielmehr sind es die Arme unseres Gottes, die uns dann auffangen. Denn Gottes Zusage: „Ich lasse dich nicht fallen und verlasse dich nicht“ kennt keine Grenzen. Sie hat Bestand von einem Jahr zum andern – und noch über unser Leben wie selbst über das Ende aller Tage hinaus.

Darauf ist Verlaß. Aus diesem Wort unseres Gottes fließt uns die Kraft zu, mutig auch den Schritt in ein neues Jahr zu wagen.

(2014)

Mit dem Herz aus ... Nazareth

„Mit dem Herz aus Österreich“: Vor einigen Jahren klebten die großen Sticker mit diesem Werbespruch unübersehbar auf allen Kleinwagen vom Typ Opel Corsa, die in Österreich zugelassen sind. Dort weckt das ein bischen den Nationalstolz. Der Rüsselsheimer Autohersteller Opel ließ die Motoren für den Corsa in der oberösterreichischen Landeshauptstadt Linz herstellen. Ohne dieses Herz im Auto bewegt sich nichts, buchstäblich.

„Wenn VW der Motor von Emden ist, dann ist der Hafen das Herz dieser Stadt.“ So wurde der Emder Bürgermeister in unserer Lokalzeitung zitiert. Wieder ein Vergleich aus der Welt der Autobauer, aus gegebenem Anlaß. Denn es ging um die wirtschaftliche Entwicklung in Emden. Und dafür sei der Hafen dort ebenso wichtig wie das große VW-Werk, sagte der Politiker.

Ohne das Herz geht nichts. Weder im Auto, wenn der Motor fehlt, noch in einer Stadt wie Emden, wenn man sich den Hafen dort wegdenkt. Unvorstellbar wäre beides, heißt das. Immer muß das Herz herhalten bei solchen Vergleichen, wenn es um alles oder nichts geht. Denn das versteht jeder.

In meiner Studienzeit gehörten zu meinen Freunden an der Universität auch ein paar Medizinstudenten. Diese angehenden Ärzte machten sich damals lustig über die Diagnose des Todes als „allgemeinem Herzversagen“. Im Medizin-Studium lernt man es auch, wie man als Arzt später bei lebensbedrohlich erkrankten Menschen im äußersten Fall den Tod feststellt. Als Todesursache sei dann Herzversagen in das Krankenblatt zu schreiben. Ja, woran sollten wir denn sonst versterben? Das Leben ist zu Ende, wenn das Herz aufhört zu schlagen. Das ist immer so. Die Frage ist nur: Was bringt das

Herz dazu, den Dienst für immer zu versagen? Welche Krankheit steckt dahinter?

Im Buch des Propheten Ezechiel heißt es einmal: Gott spricht: „Ich schenke euch ein neues Herz und lege einen neuen Geist in euch.“ (Ez 36, 26) Ärzte wüßten mit solch einem Wort aus der Bibel gleich etwas anzufangen. Denn für manch einen Schwerkranken ist das die letzte Hoffnung: ein Spenderherz. Da geht es wirklich um Leben und Tod. Vor Jahren hatte ich einen jungen Mann zu beerdigen, der bereits als Jugendlicher im Konfirmandenalter ein Spenderherz eingepflanzt bekommen mußte, weil sein eigenes von Geburt an schwer geschädigt war. Das neue Herz hat ihm nur etwa zehn weitere Jahre lang das Leben erhalten. Ein Schock war das für die Eltern, so früh ein Kind zu verlieren - obwohl sie seit Jahren wußten, wie gefährdet sein Leben war.

Was das heißt, ein neues Herz eingepflanzt zu bekommen, verstehen wir mittlerweile nur zu gut. Zum Glück sind nur wenige Menschen im Laufe ihres Lebens auf so eine schwere und lebensrettende Operation mit ungewissem Ausgang angewiesen. Wie lange wird das Spenderherz schlagen - Wochen, Monate, Jahre? Diese Dramatik erleben die allermeisten von uns nie.

Das Wort aus dem Buch des Propheten Ezechiel hat ohnehin anderes im Sinn als den Austausch eines Herzens gegen ein neues im Körper. Das ist auch erst möglich, seitdem der Chirurg Christian Barnaard vor fünfzig Jahren diese Operationsmethode in einem südafrikanischen Krankenhaus erstmals erfolgreich durchgeführt hat. Gott hat der Medizin nicht schon mehr als 2000 Jahre vorgegriffen, gewissermaßen als einmaliges Wunder zu Zeiten der Propheten.

Das Wort des Propheten Ezechiel setzt sich ja noch fort. „Ich nehme das Herz von Stein aus eurer Brust und gebe euch ein Herz von Fleisch,“ heißt es da weiter. Irgendetwas ist da nicht mehr im Lot bei den Menschen, zu denen der Prophet Ezechiel so redet. Und das ist Gott nicht verborgen geblieben. Das Herz ist das Zentrum von allem menschlichen Planen und Hoffen. Es steuert auch unseren Willen. Jedenfalls sahen das die Menschen so, an die sich der Prophet Ezechiel wendet. Mit eurem Herz stimmt etwas nicht, das heißt dann schlicht: Ihr seid auf dem Holzweg. Euer ganzes Leben läuft in die falsche Richtung. Und das nicht zum ersten Mal.

Ihr pfeift auf Gottes Gebote. Jeder ist sich selbst der Nächste statt daß ihr euch umeinander kümmert. Die Armen und die Alten, die Kranken und die Schwachen laßt ihr links liegen. Die Reichen und die Starken verhöhnen alle anderen. Für die Menschen auf der Schattenseite des Lebens haben sie nur Spott übrig. Selber schuld, so sagen sie. Denn jeder kann es schaffen. Strengt euch gefälligst an, dann klappt es auch!

Wieder ist es die Aufgabe der Propheten, den Menschen ins Gewissen zu reden und sie an ihre Pflichten zu erinnern. Das nervt; das ist unbequem. Aber dafür sind die Propheten da, notfalls eben als Quälgeister, die nicht locker lassen. Auch Ezechiel war so einer. Der Dienst der Propheten war nicht gerade vergnügungssteuerpflichtig. Jesaja wäre am liebsten gleich davor weggelaufen, als Prophet seinen Mitmenschen ins Gewissen reden zu sollen. Und seinen Nachfolger Jeremia haben sie regelrecht fertiggemacht, weil er nicht locker ließ mit seinen Mahnungen.

Es liegt am Herzen. Der jüdische Schriftsteller Stefan Zweig aus Wien hat vor einigen Jahrzehnten einen Roman mit dem Titel „Trägheit des Herzens“ geschrieben. Das ist seither zum Sprichwort geworden und vorwurfsvoll gemeint. Hundert Jahre vor ihm schrieb Wilhelm Hauff in Schwaben das Märchen „Das kalte Herz“. Auch darin geht es darum, daß ein Herz ausgetauscht wird, diesmal aber vom Teufel und nicht von Gott. Dieses bekannte Märchen ist auf der Schwäbischen Alb neu verfilmt worden. Der

Regisseur halte das Märchen für unbedingt zeitgemäß auch in unseren Tagen, so war dazu zu lesen.

Es liegt am Herzen. Wofür unser Herz schlägt, darauf kommt es uns an. Woran wir unser Herz hängen, das ist unser Gott. Martin Luther hat das gesagt in seiner Auslegung des ersten Gebots im Kleinen Katechismus. Ich mußte ihn im Konfirmandenunterrricht noch auswendig lernen.

Wofür unser Herz schlägt, dabei sind wir nur allzuoft egoistisch statt barmherzig. Mein Herz schlägt für die Gott und seine Gebote wie auch für das Gebot der Nächstenliebe? Wer würde das schon von sich sagen? Wie verrückt ist das denn? Mein Herz schlägt dann doch eher für das neue iPhone oder für die Spielekonsole der jüngsten Generation, hält die Generation meiner Kinder dem entgegen.

Es liegt am Herzen. Und es geht darum, daß wir hinter Ansprüchen zurückbleiben. Wir werden Maßstäben nicht gerecht, die Gott an uns stellt. Nicht weil er Spaß daran hat, uns im Alltag zu fordern und am Ende gar zu überfordern. Sondern weil Gott uns das Leben geschenkt hat und es auch gestaltet. Mit seinen Geboten zum Beispiel. Und mit seinem Geist der Nächstenliebe. Doch dieser Geist verkümmert immer wieder und gerät ins Hintertreffen. Meistens merken wir das noch nicht mal. Falls doch, finden wir das nicht unbedingt schlimm. Es geht doch auch so. Hilf dir selbst, dann hilft dir Gott.

Das Prophetenwort aus dem Buch Ezechiel sagt: Gott hilft uns tatsächlich. Aber auf andere Weise als wir es erwarten würden. Gott stellt die Uhren wieder auf Null. Er fängt mit seinen Geschöpfen noch mal von vorne an. Er gibt auch uns ein neues Herz und einen neuen Geist: Wie gut tut das! Wir sind auf unseren alten Geist und unser altes Herz nicht festgenagelt. Das Ruder herumwerfen und noch mal neu durchstarten im Leben, das macht

Gott möglich. Im Neuen Testament heißt das dann Evangelium, Frohe Botschaft.

Was bisher schon schief gelaufen ist oder zumindest anders, nämlich besser laufen müßte - Gott sagt wieder mal: Schwamm drüber. So langmütig und barmherzig ist er. Davon hat das Volk Israel gelebt, wieder und wieder. Seine Propheten konnten hartnäckige Quälgeister sein. Aber Gott hat sie auch andere Töne anschlagen lassen, nicht nur einmal. Seine Liebe und seine Langmut sind immer noch größer als sein Zorn, so berechtigt der auch sein mag. Das ist die Frohe Botschaft schon im Alten Testament und nicht erst im Neuen. Evangelium, Frohe Botschaft, ist nicht erst eine Erfindung der Christen.

„Tröste mein Volk und sag ihm, daß seine Sünden ihm vergeben sind." Mit diesem Wort aus dem Jesajabuch im Alten Testament beginnt das berühmte Oratorium „Der Messias" von Georg Friedrich Händel. Mit Jesus hat dieses Wort der Propheten Gestalt angenommen. Er kam in die Welt, um den Menschen mit jedem Wort und jeder Tat dieses neue Herz und diesen neuen Geist zu bringen.

Nicht im Rahmen einer hochriskanten medizinischen Operation verhilft Jesus den Menschen zu einem neuen Leben. Die Operationsmethode, die er angewendet hat, war eine andere, viel einfachere: hingehen zu den Leuten, ihnen zuhören, sie trösten und ihnen von Gottes unerschöpflicher Liebe erzählen. Und den Worten auch Taten folgen lassen. Dann kann sich das Ergebnis dieser Operation sehen lassen. Und die Menschen spüren wirklich wieder: Hier herrscht ein anderer Geist, und hier arbeitet ein neues Herz. Und alle haben sie etwas davon.

(2017)

Wer so stirbt, der stirbt wohl

Ich war einigermaßen irritiert. Das neue Jahr hatte kaum begonnen, da hörte ich abends im Radio eine Reportage über ein älteres Ehepaar, das seinen eigenen Tod plant. War es nicht ein paar Tage zuvor in der Heiligen Nacht noch um das Leben gegangen, das Gott leibhaftig mit uns teilt, indem er seinen Sohn als neugeborenes Kind in unsere Welt schickt? Doch nun, nur wenig später, soll ich bereits wieder über das Ende des Lebens nachdenken, über das Sterben und den Tod! Hin- und hergerissen zwischen der Weihnachtsfreude und dem bitteren Ernst dieser Reportage hörte ich zu und schaltete nicht etwa gleich wieder ab.

„Sterben nach Plan - Protokoll einer letzten Reise“: Einfühlsam schilderte darin eine Radio-Reporterin, wie sie im Jahr zuvor ein Ehepaar aus Bonn dabei begleitet hat, in die Schweiz zu fahren und dort mit Unterstützung durch eine Sterbehilfe-Organisation den eigenen Tod herbeizuführen. Die beiden Leute waren etwas über achtzig Jahre alt und alles andere als sterbenskrank. Nur ein paar altersbedingte Zipperlein setzten ihnen zu, so schildert es die Reporterin. Gleichwohl sagten beide Eheleute im Gespräch mit ihr von sich und ihrem Leben, jetzt sei es genug. Und dann gab die Journalistin ihren Eindruck von den Plänen dieser beiden alten Leute mit einem Satz wieder, der mich gebannt aufhorchen ließ: „Sie wollen den Moment nicht verpassen, in dem sie beide noch sterben *dürfen*.“

Eines Tages werden wir alle sterben *müssen*. Das zu wissen, unterscheidet den Menschen von allen anderen Geschöpfen. Keiner von uns kann sich dagegen zur Wehr setzen. Nicht mal Jesus, der in der durchwachten Nacht im Garten Gethsemane den sicheren Tod schon vor Augen hatte und nur noch Gott darum bitten konnte, er möge diesen Kelch an ihm vorübergehen lassen. Vergebens. Wir sind sterblich. Unser Leben läuft von Anfang an auf ein Ende zu. Doch wie gehen wir mit diesem Wissen um?

Das ist die Frage, die sich für Christen insbesondere in der Passionszeit stellt, wenn es in den sieben Wochen vor dem Osterfest um das Leiden und das allzu frühe Sterben des Gottessohnes Jesus von Nazareth geht. Unausgesprochen zog sie sich auch durch jene Reportage im Radio.

„Ich will entscheiden, wann ich gehe. Und das lasse ich mir von keinem Arzt und keiner Kirche vorschreiben. Ich entscheide, ich will gehen." So kämpferisch gab sich die zum Sterben entschlossene alte Dame in dem Gespräch mit der Radio-Reporterin, die all dies aufzeichnen durfte. Wer hätte kein Verständnis für solch einen Gedanken, wenn ein schwer kranker Mensch darum ringt, sich auf der Zielgeraden seines Lebens dem Sterben überlassen zu dürfen? Doch dieser Frau und ihrem Mann ging es um etwas anderes. Sie hat ihr ganzes Leben stets selber geplant und jahrzehntelang alle Entscheidungen gemeinsam mit ihrem Mann getroffen. So beruht für diese beiden alten Menschen zuletzt auch der Tod auf einer eigenen Entscheidung.

Alles im Leben ist eine Frage unserer Willenskraft. Ständig müssen wir Entscheidungen selber treffen und dann dafür gerade stehen. Wer sich diesem modernen Lebensgefühl voll und ganz anvertraut, für den ist am Schluß auch der eigene Tod eine Frage der eigenen Entscheidung. Doch für diese allerletzte Entscheidung im Leben gibt es keinen zweiten Versuch, sagt ein Psychologe, der sterbende Menschen begleitet. Sie ist unumkehrbar.

Das Leben lehrt uns dies mit aller Härte. Oft genug führt es uns auf Wege, die wir uns lieber erspart hätten. Wir haben nicht alles stets in der eigenen Hand. Andere befinden über uns - andere Menschen, andere Mächte. Davor kann man fliehen, indem man die Entscheidung über das Ende des Weges durchs Leben wirklich selber trifft, bevor Krankheiten uns den Spaß am selbstbestimmten Leben verleiden und uns die Bilanz verhageln.

Oder man vertraut sich dem Gottessohn Jesus Christus an. Er hatte keine Möglichkeit, den Moment nicht zu verpassen, an dem er noch hätte sterben *dürfen.* Das hatten längst andere beschlossen, mißgünstig und argwöhnisch. Doch sein Gottvertrauen half ihm über die Schwelle des Todes hinweg - und hinein in die immerwährende Gemeinschaft mit Gott, seinem und auch unserem Vater. Das ist die Botschaft vom Osterfest.

Wer Jesus darin nachfolgt, der kann in der Passionszeit auch in deren ebenso schwermütige wie hoffnungsfrohe Choräle einstimmen. Deren Ernst gipfelt für mich darin, wie Paul Gerhard in einer seiner Liedzeilen Jesus um den allerletzten Beistand bittet: „Erscheine mir zum Schilde, zum Trost in meinem Tod ... Wer so stirbt, der stirbt wohl." (EG 85, 10)

(2017)

Mitten im Leben: das Kreuz
Andacht für Senioren zu Karfreitag

Feste und Feiertage wecken immer Erinnerungen an die Kindheit. Wem geht es nicht so? Zu Weihnachten denken wir jedes Jahr zurück an unsere Kindertage und erinnern uns an die Festtagsfreude in früheren Zeiten. Weihnachten - das Familienfest am Beginn des Winters. Früher noch mit viel Schnee, jedenfalls meistens.

Doch wenn der Frühling naht, gehört dazu das Osterfest. Auch daran hängen viele schöne Erinnerungen aus der Kinderzeit. Ostereiersuchen im Schnee vielleicht, wenn das Osterfest noch in den März fällt.

In Süddeutschland kommt der Frühling immer etwas eher im Jahr, vor allem am Oberrhein zwischen Heidelberg und dem Bodensee. „März in Basel" hat der Schweizer Schriftsteller Rainer Brambach (1917-1983) darum ein Gedicht überschrieben. Es beginnt mit der unvergeßlichen Zeile: „Was immer der März bereit hält, alle Gärten sind einverstanden zu blühen." Das Gedicht verbindet sich für mich jedes Mal mit dem Frühlingsbeginn. Ich mag es, seitdem ich es vor vielen Jahren in Rainer Brambachs Buch „Heiterkeit im Garten" gefunden habe. Sehr zu Unrecht ist dieser Schweizer Dichter längst vergessen.

Ob auch wir das so erleben dürfen wie in Rainer Brambachs Worten? Mit den ersten warmen Tagen im März bricht das Leben draußen wieder auf. Die Krokusse erblühen von neuem. Bunt sind nicht nur die gefärbten Ostereier im Körbchen auf unserem Frühstückstisch. Bunt sind schon bald auch wieder die Gärten und Blumenrabatten draußen vor der Tür.

Doch vor dem farbenfrohen Osterfest, vor dem fröhlichen Ostereiersuchen, vor dem Osterfeuer und all den Traditionen zu diesem Fest im Frühling werden wir noch einmal still und nachdenklich. Denn am Karfreitag - „Still-

Freetag" heißt er auf Plattdeutsch in Ostfriesland – ist der Höhepunkt in der ohnehin stillen Woche vor dem Osterfest erreicht. Auch mit dem Karfreitag verbinden sich für mich so manche Kindheitserinnerungen.

Früher war der Kirchgang am Karfeitag bei uns auf dem Dorf in der Lüneburger Heide einfach Pflicht. Doch die morgendliche Stille wurde nicht vom Glockengeläut der Kirche unterbrochen. Der Gottesdienst am Karfreitag war der einzige im Jahr, zu dem nicht die Kirchenglocken einluden. In der Kirche gab es keinen Blumenschmuck auf dem Altar; nur ein schwarzes Tuch lag darauf. Das übliche Getuschel und Gemurmel in den Bankreihen vor Beginn des Gottesdienstes gehörte sich nicht. Alles war besonders andächtig an diesem besonderen Feiertag.

Ganz ernst und leise ging es zu am Karfreitag. Im Radio gab es keine ausgelassene Musik zu hören, und auch das Fernsehen hatte an Karfreitag ausnahmsweise keine Unterhaltungssendungen im Programm. Der Karfreitag galt noch wirklich als der wichtigste kirchliche Feiertag im ganzen Jahr. Der Tod von Jesus am Kreuz überschattet an diesem Tag alles. Als Kind fand ich es beeindruckend und verwunderlich zugleich, wie ernst es den Erwachsenen, unseren Eltern, mit dem Karfreitag war.

Jesus stirbt für uns und unsere Sünden am Kreuz. Nichts sollte diese Botschaft am Karfreitag verstellen. So ernst sie auch sein mag, schenkt sie uns doch neue Lebensfreude. Zu Ostern werden wir darum wieder mit Zeilen aus einem fröhlichen Osterlied singen: „Laßt uns lobsingen vor unserem Gott, der uns erlöst hat vom ewigen Tod. Sünd ist vergeben, Halleluja! Jesus bringt Leben, Halleluja!" (EG 116, Kehrvers) Doch noch ist es nicht soweit.

Das Leben, das Jesus uns bringt, das Leben aus dem Tod, hat er zunächst einmal mit seinem eigenen Leben bezahlt. Davon hören wir am Karfreitag. Jesus ist gestorben am Kreuz, damit wir leben können. Das haben wir dem Mann aus Nazareth zu danken, daß niemand mehr Angst haben muß davor, einem unerbittlich strafenden Gott ausgeliefert zu sein. Dafür hat Jesus gesorgt, daß wir uns von Gott angenommen und geliebt fühlen dürfen. Auch wenn wir manchmal gar nicht so liebenswert sind und vor uns selbst erschrecken.

Vor vielen Jahren hat mir eine längst alt gewordene Frau von ihren Erfahrungen mit dem Kreuz Christi in ihrer Kinderzeit erzählt. Bei ihnen zuhause, so sagte sie, hing in der Küche immer ein Kruzifix an der Wand. So stand ihr der gekreuzigte Jesus schon als Kind jederzeit vor Augen. Ihre Mutter habe sie ganz oft daran erinnert, daß dieser Jesus am Kreuz auch zu ihr wie zu allen Menschen sage: „Das tat ich für dich. Und was tust du für mich?"

Schlichte häusliche Frömmigkeit zeigt sich darin. Vielleicht kann man als kleines Kind noch gar nicht verstehen, was mit den Worten wirklich gemeint war, die diese Mutter Jesus in den Mund gelegt hat. Was hat er da wirklich getan, als er den Tod am Kreuz starb? Auch gestandenen Seelsorgern fällt die Antwort nicht leicht.

Wahrscheinlich hat die Mutter es ihrer Tochter mit den Jahren erklärt, so gut es eben geht, und damit deren Glauben geweckt. Jedenfalls erzählte mir die alte Frau, sie erinnere sich jedes Mal an diese Erfahrung aus ihrer Kindheit und an diese Worte, wenn sie in eine Kirche komme und auf dem Altar das Kreuz Christi sehe. Ihr Glaube sei im Laufe ihres Lebens dadurch nur umso fester geworden und habe ihr in mancherlei Lebenskrisen geholfen. Was sie tatsächlich für Jesus tun könne, das sei, ihr Leben ihm anzuvertrauen in guten wie in schweren Zeiten und wie Jesus sich um ihre Nächsten zu kümmern. Wie recht sie hat!

Unsere Kindheit prägt uns eben doch. Auch die Erinnerung an den Karfreitag in früheren Zeiten läßt uns nie mehr los. Die Erinnerung an das, was wir seither mit dem Kreuz unseres Herrn Jesus Christus verbinden, gestaltet unser Leben und gibt ihm Halt. So ergeht es nicht nur dieser längst alt gewordenen Frau.

Unsere Kindheit prägt unseren Glauben. Auch wenn es natürlich schwer zu verstehen ist, was das heißt: Jesus stirbt für uns am Kreuz. Er stirbt, damit wir leben können. Damit wir ein Leben führen können im Frieden mit Gott. Und so wie Jesus von Gott aus dem Tode auferweckt wurde, so soll es auch uns ergehen. Nicht damit die Reise durchs Leben noch mal von vorne losgeht. Sondern damit wir wie Jesus zu Gott zurückkehren dürfen und auf ewig mit ihm verbunden sind in seinem himmlischen Reich. Da ist unser Platz. Dafür hat Gott uns geschaffen. Als seine Geschöpfe gehören wir an die Seite Gottes in Zeit wie auch in Ewigkeit.

Da wird es uns gut gehen, was auch immer uns das Leben hier auf Erden gebracht hat an Schönem und an Schwerem in den Jahren, die uns geschenkt waren. Die Vorfreude darauf ist die Osterfreude. Sie beginnt eigentlich schon am Karfreitag, wenn wir noch still und nachdenklich sind und auf das Kreuz schauen.

So steht das Kreuz unseres Herrn und Bruders Jesus Christus im Mittelpunkt unseres Glaubens. Nicht nur in weit zurückliegenden Kindertagen, als wir vielleicht noch ein Kreuz zuhause an der Wand hängen hatten zur Erinnerung an das, was Jesus für uns getan hat mit seinem Tod am Kreuz. Auch nicht nur, wenn wir in einer Kirche das Kreuz auf dem Altar vor Augen haben. Das Kreuz prägt unser Leben Tag für Tag.

Denn es gehört zum Leben dazu. Manchmal auch auf ungewöhnliche Weise. Vor ein paar Jahren fand ich ein Kreuz in der Kapelle der ökumenischen Bildungsstätte Kloster Frenswegen im Emsland beim Blick zu Boden vor mir auf dem Fußboden. Unter einer Bank waren zwischen den Bodenfliesen die Fugen herausgefallen - genau in der Form eines Kreuzes. Was für ein Zufall!?

Genau da gehört es doch hin, das Zeichen der Christen, dachte ich bei dem Anblick zu meinen Füßen. Gar nicht mal unbedingt vorn auf den Altar, wo immer ein Kreuz zu finden ist. Vielmehr gehört das Kreuz mitten unter die Gläubigen. Dorthin, wo die Menschen sitzen in ihren Kirchen, wo sie singen, beten und Gottes Wort hören. Denn Gott geht nicht auf Abstand zu uns. Er ist im Leben immer mit dabei, bis zum Tod. Auch das ist doch die Botschaft vom Karfreitag.

Darum erschien es mir damals auch ganz nützlich, daß der kleine Schaden im Fußboden dieser Kapelle nicht gleich wieder behoben wurde. Wahrscheinlich war er bisher noch nicht einmal bemerkt worden. Bis die schadhafte Fuge ausgebessert wird, mag sie weiter zeigen, wie das Kreuz sich immer wieder seinen Platz im Leben erobert. Da, wo wir es nicht erwarten. Und das ist gut so. Denn dann erreicht uns die Botschaft vom Karfreitag nicht nur an diesem einen leisen und ernsten Tag im Jahr.

(2016)

Der Tempel des Heiligen Geistes (1 Kor 6, 19)
Andacht zu Pfingsten

Zu den kirchlichen Texten, die unsere Konfirmanden nach wie vor auswendig lernen, gehört natürlich auch das Apostolische Glaubensbekenntnis. Manche von ihnen sind stolz darauf, daß sie das Glaubensbekenntnis schon am Beginn ihrer Konfirmandenzeit beherrschen. Schon nach ihren ersten Gottesdienstbesuchen hat es sich ihnen beim Zuhören und Mitsprechen eingeprägt. Und das ist gut so!

Richtig spannend wird es, wenn Konfirmanden und Konfirmandinnen im Unterricht versuchen, ihr eigenes Glaubensbekenntnis aufzuschreiben. Den eigenen Glauben in Worte zu fassen, ist gar nicht so leicht! Doch es macht auch große Freude, sich auf das zu besinnen, was uns wirklich trägt im Leben - und das dann auch in die eigene Sprache zu übertragen.

Wer Gott für mich ist und was Jesus alles gesagt und getan hat, das kann man nach ein bischen Nachdenken tatsächlich auch mit eigenen Worten sagen. Doch wie ist es mit dem Heiligen Geist? Ein schwieriges Thema, aber auch der Heilige Geist spielt in unserem Glauben eine wichtige Rolle.

Eine Konfirmandin schrieb dazu einmal folgendes: „Ich glaube an den Heiligen Geist, weil ich immer denke, daß er neben mir steht, wenn ich Blödsinn mache, und er hat mich dann ermahnt: Hör auf damit! Deshalb ist der Heilige Geist mein Lieblingsgeist."

Ihr Lieblingsgeist ist der Heilige Geist. Fragt sich nur, welche Geister für dieses Mädchen sonst noch eine Rolle spielen. Vielleicht der Zeitgeist, der uns immer wieder neuen Moden nachrennen läßt? Dieser Gruppenzwang, dem alle jungen Leute nur allzu gern folgen, damit ihre Freunde sie nicht links liegen lassen?

Wahrscheinlich hatte diese Vierzehnjährige doch nur an ihr Gewissen gedacht und nicht an den guten Geist Gottes. Immerhin: Sie hört auf die Stimme ihres Gewissens und erlebt das als hilfreich im Leben. Dem eigenen Gewissen zu folgen, macht uns zu einer eigenständigen und selbstbewußten Persönlichkeit. Das erkennen auch Jugendliche bereits.

Noch jedes Mal bin ich beeindruckt von mancherlei einfühlsamen Gedanken, die Konfirmandinnen und Konfirmanden aufschreiben, wenn es um ihren eigenen Glauben geht. Spontane und unverbrauchte Worte wählen sie dafür. Als göttliche Gabe wirkt der Heilige Geist in uns Menschen, gibt uns Kraft und geleitet uns sicher durchs Leben. Das sagt sich so leicht. Doch was heißt das denn nun wirklich?

Das ist die Frage zu Pfingsten. Vielleicht kennen wir noch die Geschichte von der Ausgießung des Heiligen Geistes fünfzig Tage nach Ostern. Pfingsten ist ein griechisches Wort und heißt auf deutsch fünfzig.

Zu Pfingsten schenkt Gott den Menschen seinen Heiligen Geist, wie es Jesus versprochen hatte für die Zeit, wenn er nicht mehr da sein würde. Das war ein beeindruckendes Ereignis für die Menschen damals in Jerusalem. Der Evangelist Lukas erzählt davon am Beginn seiner Apostelgeschichte. Feuer und Flamme waren die Menschen für diesen Gott, den Vater von Jesus Christus, als der Heilige Geist auf sie herabfuhr. Von Gott buchstäblich begeistert, so entdeckten diese Menschen ihren Glauben an Gott noch einmal ganz neu. Dann schlossen sie sich zusammen zu der ersten Gemeinde von Christen und Christinnen in Jerusalem. Unvergeßlich bleibt für mich aus meiner Schulzeit, daß unser Kunstlehrer uns auf dem Gymnasium im Oberstufenunterricht zeigte, auf welche Weise das Pfingstgeschehen in der Bildenden Kunst dargestellt wurde.

Und doch bleibt die Frage, heute mehr denn je: Was hat das alles mit mir zu tun? Was habe ich heute noch davon, daß Gott seinen Geschöpfen den Heiligen Geist schenkt?

Nicht nur zu Pfingsten stößt mich ein langjähriger Freund darauf. Wir kennen uns seit dreißig Jahren, als wir beide an der Universität im hessischen Marburg zur gleichen Zeit an unseren theologischen Doktorarbeiten saßen. Er ist dann Pastor im Kellerwald nördlich von Marburg geworden, und mich hat es nach Ostfriesland verschlagen. Wir sehen uns nur noch selten, aber wir haben uns auch nicht ganz aus den Augen verloren. Ab und zu telefonieren wir noch miteinander oder tauschen uns in e-mails über unsere Arbeit aus.

Nach einiger Zeit habe ich ihm am Telefon wieder mal davon erzählt, was es in unserer Kirchengemeinde alles zu erledigen gibt und daß ich gerade wie schon seit vielen Jahren meine Gottesdienste und Andachten für die Urlauberseelsorge im Sommer in Österreich vorbereite. Wie seit vielen Jahren schon würde ich an unserem Urlaubsort in Kärnten wieder als Seelsorger für die evangelischen Gäste dort im Dienst sein. Daraufhin sagte mein Freund eindringlich zu mir: „Denk aber daran, daß dein Körper ein Tempel des Heiligen Geistes ist."

Man muß schon bibelfest sein, um zu wissen, was er damit meint. In seinem ersten Brief an die Gemeinde der Christen und Christinnen in Korinth schreibt der Apostel Paulus einmal: „Wißt ihr nicht, daß euer Leib der Tempel des Heiligen Geistes ist, der in euch wohnt, den ihr von Gott habt?" (1 Kor 6, 19)

Auf dieses Wort bezieht sich mein Freund, der Pastor aus dem Kellerwald, und will mir damit sagen: Paß auf, daß du dich nicht mit zuviel Arbeit zugrunde richtest. Achte auf deine Gesundheit und mach´ dich nicht kaputt. Auch deinen Leib wie deine ganze Existenz als Pfarrer hat Gott mit seinem Geist geheiligt. In diesen guten Rat kann mein Freund sich gleich selber miteinbeziehen. Denn er ist auch so ein nimmermüder Seelsorger, immer im Dienst für seine Gemeinde. Und doch hat er recht.

Denn jedem von uns hat Gott seinen Heiligen Geist bei unserer Taufe in den Leib gelegt. Und das bedeutet: Wir sind unendlich wertgeschätzt von Gott. Zugleich will Gott nicht, daß wir unseren Leib schädigen oder gar zerstören. Nicht durch Alkohol oder Drogen, nicht durch ein ausschweifendes Leben - und auch nicht durch zuviel Arbeit oder rücksichtslose Selbstausbeutung.

Gott hat dich geschaffen und dir obendrein noch ein Stück von sich überlassen: seinen Heiligen Geist. So wohnt er in dir wie in einem Tempel. Und den sollst du pflegen und wertschätzen, aber nicht kaputt machen. Das meint mein Freund, wenn er mir solch einen Ratschlag aus der Bibel gibt. Setze deine leibliche Existenz nicht mutwillig aufs Spiel. Gib auf dich acht.

Das lasse ich mir gerne sagen, nicht nur wenn es doch mal wieder richtig stressig wird, im Beruf wie im Leben. Jedes seiner Geschöpfe hält Gott für wert, daß es seinen Heiligen Geist beherbergen darf wie in einem Tempel. Unser aller Leib ist der Tempel des Heiligen Geistes, seine Herberge hier auf Erden. Das dürfen wir uns alle miteinander sagen lassen mit den Worten des Apostels Paulus – nicht nur zu Pfingsten. Ob wir nun in der Blüte unseres Lebens stehen und mit einem ansehnlichen Äußeren gesegnet sind wie junge Menschen oder ob wir schon alt geworden sind und erleben, daß unser Leib mit den Jahren immer hinfälliger wird, matt und schwach. Womöglich ist er auch schon von Krankheiten gezeichnet.

„Denk daran, daß dein Leib ein Tempel des Heiligen Geistes ist." Das ist dann nicht nur ein gut gemeinter Rat zur Stressbewältigung, wie er allen Berufstätigen gut tut. Es ist auch die Antwort auf die Frage, was denn nun Pfingsten, das Fest der Ausgießung des Heiligen Geistes, mit meinem eigenen Leben zu tun hat. Ich bin von Gott geliebt und für wert erachtet, seinen Heiligen Geist in mir aufzunehmen. Er leitet mich durchs Leben, wenn es in ruhigen Bahnen verläuft und auch wenn es mal richtig hektisch und stressig wird. Früher oder später erfahren auch Konfirmanden, daß wir darum acht geben sollen auf uns selbst. Dann wird unser Leben gelingen und uns glücklich und zufrieden werden lassen, bis ins hohe Alter. Der Heilige Geist erweist sich so tatsächlich als unser Lieblingsgeist. Auf den Zeitgeist können wir dann gut verzichten. Das ist die Botschaft zu Pfingsten.

(2017)

Das Handy kann jetzt auch Bibel

Wie man sich doch täuschen kann! Was hatte ich mich bisher gewundert und oft genug auch geärgert über rücksichtslose Handy-Nutzer, denen ihr Mobiltelefon über alles geht. Das ist nun anders.

Zum Geburtstag bekam ich ein Smartphone als Ersatz für mein in die Jahre gekommenes Handy geschenkt. Aus dem Mobiltelefon ist längst ein universales Elektronik-Spielzeug geworden, das noch viel mehr kann als nur telefonieren: auch fotografieren und Musik oder Videos abspielen, vom Surfen und Kommunizieren im Internet ganz zu schweigen. Vieles von dem läßt mich kalt. Ich will nicht zu denen gehören, die sich pausenlos mit ihrem Smartphone zerstreuen und nichts anderes mehr zu kennen scheinen. Doch manch einer weiß inzwischen auch wirklich kreativ mit den Möglichkeiten in seinem Smartphone umzugehen.

Die Augen geöffnet hat mir ein Erlebnis im gut gefüllten Wartezimmer meines Hausarztes. Eine typische Landarztpraxis an einem anderen als meinem Wohnort: Die Patienten blättern in den ausliegenden Zeitschriften oder kommen miteinander ins Gespräch. Man kennt sich. Jeder muß eine Zeitlang warten, bis er zur Behandlung gerufen wird.

Ein Mann in meinem Alter sitzt vornübergebeugt und schaut gebannt vor sich auf sein Smartphone in der rechten Hand. Minutenlang. Irgendwann linst die Frau neben ihm verstohlen hinüber und fragt ihn: „Was machst du da eigentlich die ganze Zeit?“ Der Gefragte schaut zu ihr auf: „Ich lese die Bibel. Das wollte ich immer schon mal: die Bibel lesen – einmal ganz durch, von vorne bis hinten.“ „Echt jetzt? Das ist ja krass.“ Sichtlich beindruckt zieht die Frau die Augenbrauen hoch. „Ganz einfach“, fügt der Patient hinzu, „ich habe mir eine App mit dem Bibeltext auf mein Smartphone geladen. Die gibt´s kostenlos. Das Handy steckt sowieso immer in der Jackentasche, und sobald ich etwas Zeit habe, lese ich darauf weiter. Das ist echt bequem." Und auf jeden Fall ist das besser als in bunten Zeitschriften zu blättern, fährt es mir durch den Kopf.

Läge auf dem Tischchen zwischen „Stern", „Spiegel" und dem ADAC-Magazin auch eine Bibel, würde sich niemand trauen, danach zu greifen und unter den Augen anderer Leute darin zu lesen. In aller Öffentlichkeit in der Bibel zu lesen, das geht ja gar nicht. Aber so?

Wie man sich doch täuschen kann! Vielleicht sollte ich mir an diesem Patienten ein Beispiel nehmen. Jetzt ersetzt das Smartphone sogar die handliche kleingedruckte Bibel, die ich sonst gern aus der Sakkotasche ziehe, wenn ich bei Geburtstagsbesuchen für den Jubilar oder die Jubilarin gerade ein Psalmwort vorlesen will.

Doch wie wäre es, mit der Bibel-App auf dem Smartphone beispielsweise einmal die Passionszeit zu gestalten, ganz privat wie der eifrige Bibelleser in der Arztpraxis? In den sieben Wochen vor dem Osterfest ist die Geschichte vom Leiden und Sterben des Gottessohnes Jesus Christus Abschnitt für Abschnitt in den wöchentlichen Andachten zu hören. Genauso gut könnte ich sie bei Gelegenheit auch auf dem Smartphone lesen statt damit zur Ablenkung über WhatsApp oder Twitter belanglose Kurznachrichten an Freunde zu verschicken. Es muß ja nicht gleich die ganze Bibel sein - einmal durch, von vorne bis hinten.

Die Bibel-App sollte ich mal ausprobieren. Ansonsten möchte ich auch weiterhin nicht zu denen gehören, die zu keiner Zeit die Finger von ihrem Smartphone lassen können. Es geht auch ohne - aber bequem ist es schon.

(2015)

„Alles ist an Gottes Segen und an seiner Gnad gelegen"

Hängt bei Ihnen auch manchmal der Haussegen schief? Nehmen Sie das ruhig einmal wörtlich. Denn in vielen Häusern hängt ein Haussegen noch gut sichtbar an der Wand, in der Küche oder im Flur gleich hinter der Eingangstür, oftmals vor langer Zeit fein säuberlich auf ein Leintuch gestickt und dann gerahmt. Von Generation zu Generation wird er in der Familie weitergereicht: „Der Herr behüte dieses Haus und alle, die da gehen ein und aus" oder ein anderes segensreiches Wort. Manchmal hängt der Rahmen etwas schief am Nagel. Das macht nichts; man kann ihn ja wieder waagerecht ausrichten.

Vor einiger Zeit begegnete ich solch einem Haussegen auch im Deutschen Historischen Museum in Berlin. Doch dieser gerahmte Sinnspruch ließ mich stutzig werden: „Nur der verdient die Freiheit und das Leben, der täglich sie erobern muß." So war zu lesen auf dem Haussegen aus einem typischen Arbeiterhaushalt vor gut hundert Jahren. Gleich daneben hängt in dem Berliner Museum ein Gemälde aus jener Zeit. Es zeigt das Begräbnis eines Fabrikarbeiters. Der Leichenzug durchquert mit dem Sarg vorweg gerade das Tor zum Friedhof. Die junge Witwe wendet den Kopf und wirft einen zornigen Blick auf die rauchenden Fabrikschornsteine in der Ferne. Offenbar ist ihr Mann bei der Arbeit dort zu Tode gekommen. Hinter ihr recken ein paar seiner Kollegen wutentbrannt die Fäuste.

Angesichts dieses seinerzeit keineswegs seltenen Schicksals noch Trost zu spenden, war vor hundert Jahren mindestens so schwer wie heute. Obendrein fiel die Versorgung der Hinterbliebenen noch kärglicher aus als heute. Doch sollte man sich statt dessen besser an den so ganz anders lautenden, kämpferischen Haussegen von damals halten, wie es die Berliner

Dauerausstellung zur deutschen Geschichte nahelegt: „Nur der verdient die Freiheit und das Leben, der täglich sie erobern muß"? Gewiß war das Leben in der Zeit vor dem Ersten Weltkrieg gerade für Arbeiter von unvorstellbarer Not geprägt, während es den großen Unternehmerpersönlichkeiten in ihren Gründerzeit-Villen an nichts fehlte. Aber sind Freiheit und Leben wirklich Privilegien der Begüterten und fallen ihnen unverdient in den Schoß, wogegen sie statt dessen doch von jedem Menschen gleichermaßen Tag für Tag im Existenzkampf neu erstritten werden sollten? So legt es dieser Haussegen nahe, und das macht mich stutzig.

Denn das Leben ist vielmehr ein Geschenk Gottes an jedes seiner Geschöpfe. Darin sind Arm und Reich sich völlig gleich. Schon darum kann ich das Leben niemandem von vornherein streitig machen oder gar absprechen. Zudem ist mein Leben in Ostfriesland schlicht ein Glücksfall und mitnichten das Ergebnis täglicher Anstrengung. Das zeigen mir die Bilder von unsäglichen Zuständen anderswo, aus denen Menschen nur noch weglaufen können. Und das gilt ebenso von mancherlei Freiheiten, die wir wie selbstverständlich genießen - vorneweg die Meinungs- und Pressefreiheit. Wie gut, daß ich all das gerade nicht täglich neu erobern muß.

An den wichtigen Stationen unseres Lebens, von der Taufe über die Einschulung und die Konfirmation bis zur Eheschließung, lassen wir uns Gottes Segen für unseren weiteren Weg durchs Leben zusprechen. Doch was wird er bewirken? Vor allem: Wird dieser Segen uns nur darin bestärken, die Ellenbogen auszufahren und das Leben als täglichen Existenzkampf anzunehmen? Oder ist er nicht vielmehr eine Lebenskraft, die jeden Menschen sich als von Gott geliebtes Geschöpf erfahren läßt und ihm die Augen für die Belange seiner Mitmenschen öffnet?

Auf einen Segen, der mich vor allem kampfeslustig macht und das Leben nur als Ergebnis täglicher Auseinandersetzungen mit lästigen Konkurrenten versteht, kann ich gut verzichten. Dann wäre es auch egal, ob er schief hängt oder gerade.

(2016)

Singet dem Herrn ein neues Lied, denn er tut Wunder (Ps 98, 1)
Andacht (nicht nur) für Senioren

Meine Konfirmanden freuen sich immer darüber, daß sie heute kaum noch etwas auswendig lernen müssen. Das war zu Zeiten ihrer Eltern und vor allem ihrer Großeltern noch ganz anders. Sicher: Ganz ohne ein paar auswendig gelernte Texte geht es auch heute nicht. Aber das hat sich mittlerweile auf vier beschränkt. Wie die Blätter eines vierblättrigen Kleeblatts hängen sie aneinander. Eines ist nicht ohne das andere denkbar: das Vaterunser, das Glaubensbekenntnis, die Zehn Gebote und zuguterletzt der 23. Psalm. Fällt dieses vierblättrige Kleeblatt aus unverzichtbaren Texten unserer christlichen Tradition auch noch weg oder wird eines der Blättchen herausgezupft, dann gute Nacht. Wenigstens diese vier überaus wertvollen Zeugnisse unseres Glaubens lernen auch meine Konfirmanden noch auswendig, mehr oder weniger lustlos und nur noch gezwungenermaßen.

Das war zu meiner eigenen Konfirmandenzeit vor vierzig Jahren noch anders. Zwei Jahre lang hat der Pastor auf unserem Dorf mit uns noch Woche für Woche auf traditionelle Weise gepaukt, ob wir wollten oder nicht. Damals waren nicht nur die vier grundlegenden Texte unseres Glaubens zu lernen. Von Woche zu Woche mußten wir jeweils ein Kirchenlied auswendig lernen, wenigstens die ersten ein oder zwei Verse davon. Gemeinsam haben wir die Lieder in der Konfirmandenstunde gesungen, und ein paar von uns mußten dann die Verse aufsagen wie ein Gedicht. Jede Woche hat der Pastor uns damals abgehört. Jeder kam im Laufe der zwei Jahre mehrmals dran.

Für uns Konfirmanden war das alles furchtbar langweilig - und eine Quälerei obendrein. Heute würden meine Konfirmanden davonlaufen, wenn ich noch so streng vorginge wie es damals üblich war. Doch je länger das

Leben dauert, je mehr wir auch schon einiges vom Leben erfahren haben mit seinen schönen und auch mit seinen schrecklichen Seiten, desto mehr spüren wir auch: Es war gar nicht so schlecht, vieles aus dem Gesangbuch und aus der Bibel noch zu lernen und auswendig sprechen zu können. Dank der Quälerei von einst hat sich ein bleibender Schatz an Lebensweisheit in meinem Gedächtnis angesammelt. Bibelworte und Liedverse, auf die wir auch im Alter noch zurückgreifen können. Manches vergißt man auch wieder im Laufe des Lebens, aber die wirklich wichtigen und lebensdienlichen Worte aus der Bibel und dem Gesangbuch gehen nie wieder verloren.

Oftmals sind es eben doch die Klassiker, auf die wir immer wieder zurückkommen. Aus gutem Grund ja auch in den Andachten mit Menschen im hohen Alter. Wird ihr Geist unweigerlich auch matt und müde, so ist ihnen dieser Schatz aus Bibelworten und Gesangbuchversen doch immer noch geblieben. Die Moden kommen und gehen. Das gilt auch für unsere Kirchenlieder. Einer meiner akademischen Lehrer an der Universität hat sich über allzu seichte christliche Lieder unserer Tage immer lustig gemacht. Er wußte, wovon er redet, denn neben Theologie hatte er auch Musik studiert. Von der Qualität heutiger Kirchenlieder hielt er wenig bis gar nichts. Seien die altvertrauten Kirchenlieder auch noch so alt, nichts rage an sie heran, so sagte er immer wieder. Und er hatte recht.

Im Grunde geht es uns doch genauso. Voller Dankbarkeit singen wir immer noch „Lobe den Herren, den mächtigen König der Ehren", auch wenn dieses Lied von Paul Gerhard schon mehr als 400 Jahre alt ist. Und wenn uns bange ist ums Herz, wenn es uns schlecht geht, dann trösten uns die Verse des Liedes „Befiehl du deine Wege". Auch dieses Lied hat Paul Gerhard gedichtet. Wie gut, daß auch ich noch die ersten Verse dieser und noch vieler weiterer alter Kirchenlieder auswendig lernen mußte. Für jede Lebenslage haben wir dadurch den Trost aus ein paar Liedversen auf den Lippen. „Bis hierher hat mich Gott gebracht in seiner großen Güte."

Doch schon die Eltern meiner Konfirmanden sehen das heute ganz anders. Ihren Kindern wäre das nicht mehr zuzumuten, überhaupt noch Liedverse auswendig zu lernen. Schon gar nicht von Woche zu Woche. Lieber machen Konfirmandeneltern sich lustig darüber, wenn ihre eigenen Eltern ihnen von früher erzählen. Als Großeltern den Kindern und Enkeln davon zu erzählen, was wirklich wichtig ist im Leben und welche Rolle die einstmals auswendig gelernten Texte aus der Bibel und dem Gesangbuch dabei spielen, das kommt nicht mehr gut an bei den nachfolgenden Generationen. Jüngere Menschen leben und denken ohnehin nur noch von jetzt auf gleich, „von zwölf bis Mittag", wie die Älteren verächtlich sagen. Bibeltexte und Kirchenlieder sind dabei komplett aus der Mode gekommen wie der ganze Glaube.

Was das bedeutet für das Leben junger Eltern heutzutage, das ist mir vor ein paar Jahren klar geworden, als unsere Kinder noch kleiner waren. Damals hat der ältere meiner beiden Söhne mit seiner Grundschulklasse an dem Gesangsspektakel „Klasse! Wir singen" teilgenommen. Zahlreiche Schulklassen führten in der Emder Nordseehalle gemeinsam ein lange vorbereitetes Chorkonzert auf. In einigen ostfriesischen Grundschulen hatten die Musiklehrerinnen vorher monatelang für dieses Konzert einige moderne und eingängige Lieder mit den Kindern eingeübt. Nun wurden diese Lieder, begleitet von einer Rockband, gemeinsam gesungen. Ganz moderne Klänge waren zu hören.

Begeisterter Kindergesang aus hunderten von Kehlen. Die Emder Nordseehalle war gedroschen voll. So ist es immer, wenn Eltern sehen wollen, wie ihre Kinder etwas aufführen. Stolz auf die eigene Leistung sangen die Schulklassen insgesamt 17 Lieder: moderne Lieder für Kinder, fetzige Popsongs, aber auch Volkslieder, die jeder kennt.

Das alles stand unter der Leitung eines Kirchenmusikdirektors aus Braunschweig. Mit seiner Musikgruppe, einer Rock-Band, war er dafür eigens nach Emden gekommen. Gegen Ende des Konzertes kündigte der Leiter dieses ebenso riesigen wie einmaligen Chores noch ein Lied aus dem Schatz unseres Kirchengesangbuches an. Gemeinsam mit den Zuhörern sollte nun ein Kirchenlied gesungen werden wie zuvor schon ein paar Volkslieder. Die Texte waren auf einer großen Videoleinwand mitzulesen.

„Jetzt kommt ´Großer Gott, wir loben dich`", frotzelte ein junger Vater neben mir. Ein bischen irritiert wirkte er. Diese abschätzige Bemerkung sollte seine Unsicherheit verbergen. Und zwischen lauter Popsongs gegen Kirchenlieder zu sticheln, das kommt immer gut an. Da müssen alle erst mal lachen. Ein paar andere Mütter und Väter hatten die spitze Bemerkung natürlich ebenfalls gehört und schauten grinsend zu ihm hinüber. So wie er dachten noch mehr junge Eltern bei dem Konzert damals. Was soll das jetzt noch, fragten sie sich bestimmt.

Mitzusingen war diesem Mann auch bei den Volksliedern schon schwer gefallen. Erwachsene trauen sich einfach nicht, sich anstecken zu lassen von der Begeisterung für das Singen. Doch genau das wollte der umtriebige Braunschweiger Musiker mit diesem ungewöhnlichen Konzert wecken. „Klasse! Wir singen!" Das sollte zum Abschluß des Konzerts nun für uns alle gelten - für die Eltern auf der Tribüne genauso wie für die Schulklassen auf dem Podium. Kinder machen da immer gleich mit und singen einfach drauflos. Aber Erwachsene tun sich damit schwer. Egal ob Popsongs oder Kirchenlieder gesungen werden.

Doch dann sangen wir in der Nordseehalle zum Abschluß dieses Konzertes gemeinsam „Der Mond ist aufgegangen", ein wunderbares und immer noch anrührendes Abendlied. Da war zu spüren: Dieser alte, aber dennoch leicht zu verstehende und ernsthafte Liedtext von Matthias

Claudius ging nicht spurlos an den Erwachsenen vorbei. Selbst solch ein mehr als 200 Jahre altes Lied rührt heute noch an. Nicht nur weil dieses Lied von begeisterten Kindern zu hören war. Sondern weil es uns immer noch an unsere Mitmenschlichkeit erinnert, an einen wirklich respektvollen Umgang miteinander. Und weil es mit einfachen, zeitlosen Worten sagt, daß wir unser Leben getrost Gott anvertrauen dürfen.

Wer singt, der betet doppelt, hat Martin Luther gesagt. Fünfhundert Jahre ist das her, aber es stimmt immer noch. Unser evangelischer Glaube hat sich vor allem durch die vielen eingängigen Lieder verbreitet, die zur Zeit der Reformation gedichtet wurden. Wir singen sie auch weiterhin, selbst wenn sie noch so alt sind. Manche von ihnen kennen wir vielleicht tatsächlich noch auswendig. Mit ihren schlichten Worten und leichten Melodien sagen sie auch heute noch, was wirklich wichtig ist im Leben und worauf wir uns immer und ewig verlassen können.

„All Morgen ist ganz frisch und neu des Herren Gnad und große Treu": eine Zeile aus einem wunderbaren Morgenlied aus Luthers Zeiten. Die ganze Botschaft der Reformation in einer einzigen Liedzeile. An jedem Tag dürfen wir uns von neuem Gott anvertrauen, bis ins hohe Alter. Wir alle miteinander: jung und alt, sangeskräftig oder eben doch zurückhaltend, wenn es darum geht, wieder mal ein Kirchenlied zu singen.

(2014)

Wie ist Urlaub?

„Urlaub ist wie ...“ Binnen drei Minuten sollten wir zwei Sätze zu diesem Vergleich notieren. Wie in jedem Frühjahr saß ich im Kreis von gut dreißig Pastoren und Pastorinnen, die wie ich in den Sommerwochen als evangelische Urlaubsseelsorger in Österreich tätig sind. Schon seit fünfzehn Jahren halte ich allsommerlich im Rahmen eines mehrwöchigen Einsatzes in zwei Luftkurorten in Kärnten Gottesdienste und Andachten für die Gäste dort.

Die kleine Aufgabe zu Beginn unserer jährlichen Tagung sollte erst einmal das Interesse am Thema Urlaub wecken und zugleich unser Sprachvermögen auf die Probe stellen. Doch nicht ein beliebiger Einfall war gefragt. Einen Vergleichsgegenstand dazu sollte uns der Nachbar zur Rechten geben, je nach dem, was er gerade zur Hand hatte. Meiner griff in seine Gesäßtasche und drückte mir einen Kamm in die Hand. O ha! Ich mag solche zwanghaften Spielchen gar nicht. Darum notierte ich mir als erstes einen nur scherzhaft gemeinten Satz: „Urlaub ist wie ein Kamm: Lästiges streife ich damit ab.“ Als ich ihn in der Runde später vorlesen sollte, sicherte mir dieser Einfall den erhofften Lacherfolg. Mit dem zweiten Vergleich gab ich mir mehr Mühe. Heraus kam ein bischen Tiefsinn: „Urlaub ist wie ein Kamm, denn wie dieser das Haar rückt jener das Leben wieder zurecht.“ Das beeindruckte die Kollegen und Kolleginnen schon eher. Auch sie hatten ihre liebe Müh` und Not mit dem, was sie sich im Handumdrehen überlegen sollten.

Solche Sprachspiele wirken stets gekünstelt und gleiten leicht ins Alberne ab. Darum mag ich sie nicht. Immerhin ergab sich daraus doch noch ein munteres Gespräch zum Thema Urlaub. Erst danach fragte ich mich: Was wäre herausgekommen, wenn jemand aus unserer Runde - typisch Pastor - eine Bibel weitergereicht hätte? Urlaub ist wie die Bibel? Haben Urlaub und Glaube überhaupt etwas miteinander zu tun?

Der Glaube sei die Unterbrechung des Alltags, lautet eine unter Pastoren und Pastorinnen beliebte Binsenweisheit. Weit gefehlt! Denn unseren Alltag unterbrechen wir am liebsten im Urlaub: immer öfter und immer kürzer, gern auch über die Feiertage, am besten mit Brückentagen dabei. Das schont unseren Anspruch auf sechs Wochen Jahresurlaub. So erleben wir es mit unseren Gästen an der Nordseeküste das ganze Jahr über. Auch in Kärnten ist das mittlerweile kaum anders. Wer im Urlaub möglichst Land und Leute kennenlernen will und sein Quartier oftmals nur für eine Woche gebucht hat, dem fehlt dann die Zeit für Glaube und Kirche. Kurzurlauber muten sich zumeist ein anstrengendes Reiseprogramm zu und fallen abends in ihrem Hotelzimmer todmüde ins Bett. Urlauber, die am Urlaubsort aus purer Neugier am Sonntagmorgen vielleicht doch den Gottesdienst eines Urlaubsseelsorgers besuchen oder in Kärnten unter südlicher Sonne an einer Abendandacht an ungewöhnlicher Stätte teilnehmen, auf einer Alm oder am Wörthersee sogar auf einem Ausflugsschiff, sind am Sonntag darauf oftmals schon wieder zuhause. Wenn überhaupt, wird der Glaube nur im Rahmen eines Events wahrgenommen - als bessere Unterhaltung. Das fordert uns Urlaubsseelsorger besonders heraus.

Also: Außer Spesen nichts gewesen? So pessimistisch bin ich nicht. Im Sommer in Kärnten begegne ich durchaus Gästen, die sich so manche beeindruckende Kirche dort nicht nur anschauen und insgeheim vielleicht darüber staunen, daß diese stummen Zeugen des Glaubens für jeden offen stehen. In den Gottesdiensten, mehr noch in Andachten unter freiem Himmel, lassen sie sich auf vielerlei Erlebnisse an ihrem Urlaubsort ansprechen. Statt zumeist doch nur alberne Vergleiche anzustellen wie auf unserer Tagung erzähle ich lieber von dem, was auch ich selber als Urlauber dort erlebe und als beglückendes Geschenk Gottes in dieser Zeit der Muße und der Erholung erfahre.

Denn eines verbindet alle, die im Sommer auf Reisen gehen, ob mit oder ohne Besuch eines Gottesdienstes mit einem Urlaubsseelsorger: Sie wollen anders nach hause kommen als sie abgereist sind, entspannt und voller Selbstvertrauen, mit neuer Energie für den Alltag. Das haben Urlaub und der Glaube eben doch gleichermaßen zu bieten, nicht nur wenn man mit wachem Auge seine Ferien genießt: Sie stärken das Vertrauen ins Leben. Urlaub ist wie ... Bibel und Glaube? Wahrscheinlich doch! Genießen wir darum diese kostbare und erholsame Zeit im Sommer, die Gott uns schenkt.

(2018)

Freiheit entdecken

Im Urlaubsmagazin des Nordseeheilbades St. Peter-Ording an der schleswigholsteinischen Westküste ist sie seit langem mein Favorit, die Seite mit einem Geheimtipp, den es noch zu entdecken gilt: „Mein SPO-Lieblingsplätzchen“. Mehr oder weniger prominente Dauergäste erzählen da von ihren Vorlieben in SPO, wie der Kurort liebevoll abgekürzt genannt wird. Wo aber ist das eigene Lieblingsplätzchen in St. Peter-Ording?

Jedes Mal, wenn wir unseren Nordsee-Urlaub dort verbringen, blättere ich neugierig durch das überall ausliegende Magazin. Wie würde ich selber antworten? Solche Geheimtipps sucht jeder, um seinen Urlaub zu bereichern, an welchem Ort auch immer. Von Mal zu Mal geht es noch besser, noch exklusiver. Irgendetwas habe ich auch nach Jahren immer noch nicht entdeckt als Gast in SPO.

Nicht nur den Urlaub, das ganze Leben gilt es zu optimieren; alles läßt sich noch verbessern: unsere Arbeitsleistung sowieso, dazu neuerdings die work-life-balance. Um ein ausgewogenes Verhältnis von Arbeit und Freizeit ist schließlich jeder bemüht. Wie alles andere läßt sich auch das Urlaubsvergnügen immer noch steigern. Schließlich sind das die kostbarsten Wochen im Jahr, die wir brauchen, um uns zu erholen und zumeist fern von zuhause Kraft zu tanken für den Alltag daheim. Im Urlaub muß alles stimmen. Dazu trägt auch das Lieblingsplätzchen am Urlaubsort bei. Das wissen die Werbeprofis im Fremdenverkehr.

Umso verblüffter war ich, als ich von folgendem Geheimtipp eines auskunftsfreudigen Dauergastes in SPO las: Das Lieblingsplätzchen sei für ihn die Bank vor der Kirche im Ortsteil St. Peter-Dorf, schreibt er für das Urlaubsmagazin. Er ruhe gern mal auf dieser Bank aus, weil man oben auf der Kirchenwarft über den Friedhof hinweg den ältesten und kaum von Touristen bevölkerten Straßenzug des Ortes überschauen könne, bis hin zum Deich. Davor lassen sich die riesige Sandbank und die Nordsee erahnen. Tradition und Natur: Das mache den unvergleichlichen Reiz dieses Ortes aus.

Doch hinzu komme noch etwas, weiß dieser Gast. Im Rücken spüre er dort die mehr als 700 Jahre alte Kirche St. Peter, die dem Ort seinen Namen gegeben hat. Sie strahle unvergleichliche Ruhe aus. Und der Heilige Petrus, der ebenso eilfertige wie wankelmütige Apostel, habe doch wie Jesus Kranke geheilt und schließlich mit der von ihm übertragenen Vollmacht jedem Menschen die Möglichkeit zu einem Neubeginn im Leben eröffnet. Wie kein zweiter stehe Petrus für die ersehnte Kehrtwende im Leben, ist auf dieser Seite des Urlaubsmagazins zu lesen. Genau dies gehöre für ihn auch zum Urlaub, so fügt der Gast hinzu: innezuhalten, das eigene Leben auf den Prüfstand zu stellen und wieder frei zu werden von dem, was noch auf der Seele lastet. Urlaub erschließe immer auch neue Perspektiven für das Leben. Tiefsinnige Einsichten eines Kurgastes auf der Bank vor der Kirche St. Peter entnehme ich dem SPO-Urlaubsmagazin.

Freiheit spüren; aufatmen und sprichwörtlich die Seele baumeln lassen: Selten habe ich so erfrischend offen gehört oder gelesen, was es heißt, im Urlaub neue Kräfte zu tanken. Nicht nur für mich tragen dazu Wind und Wellen in der Weite der Sandbank vor St. Peter-Ording bei. Hinzu kommt das Nachdenken darüber, was das Leben in seinem Auf und Ab wirklich hält. Vielleicht runden solche Gedanken tatsächlich einen erholsamen Urlaubstag in SPO ab, wenn man sich als Gast gegen Abend auf der Bank vor der Kirche St. Peter niedersetzt und im Westen die Sonne glutrot im Meer versinken sieht. Wo sonst wäre solch ein Plätzchen zu finden, an dem sich entspannte Urlaubsgefühle mit unserem Glauben verbinden? Und wo machen Gäste bei uns im ebenso beliebten Ostfriesland solche heilsamen Entdeckungen, frage ich mich seither daheim.

Von einem vergleichbar ungewöhnlichen Lieblingsplätzchen zu lesen oder erzählt zu bekommen, dürfte so manchen Urlaub tatsächlich bereichern, von Anfang an. Dazu ohne zusätzliche Kosten. Umso besser.

(2015)

Wo ich fern von allen Anforderungen an mich bin

Tiefblau leuchtet das Wasser des Sees. Dahinter ragt das Massiv des gewaltigen Dachsteingebirges auf. Den Dachstein bekrönt auch im Sommer noch der Schnee. Am Himmel steht kein Wölkchen. An die Berglehne schmiegt sich terrassenförmig Hallstatt, einer der bekanntesten Orte im österreichischen Salzkammergut. Ganz dicht an die Uferpromenade gebaut, spiegelt sich die nicht minder berühmte Hallstätter Kirche mit ihrem schlanken, nadelförmig aufragenden Turm im Wasser: Auch wer noch nicht im Salzkammergut war, kennt diese Postkartenidylle.

Das Ortsbild von Hallstatt gehört längst zum Weltkulturerbe der UNESCO. An warmen Sommertagen drängen sich darum Touristenschwärme in den engen Gassen. Doch reich gemacht hat Hallstatt der seit vielen Jahrhunderten bis heute betriebene Salz-Bergbau. Zu Zeiten Martin Luthers gelangten dessen Lehren vor fünfhundert Jahren rasch auch in diesen Winkel des Salzkammerguts und fielen gleich auf fruchtbaren Boden. Bis heute sind die Dörfer rund um den Dachstein von einem lebendigen evangelischen Glaubensleben geprägt. Die schmale Kirche am Seeufer, ein beliebtes Fotomotiv, ist das Gotteshaus der evangelischen Kirchengemeinde in Hallstatt.

In China steht sie ein noch zweites Mal. Chinesen haben dort in einer Art Disney-Land viele berühmte europäische Bauwerke originalgetreu nachgebaut, auch die Kirche vom Hallstätter Seeufer. Doch wer das Vorbild sehen will und dafür nach Europa reist wie so mancher betuchte Chinese, reibt sich im Salzkammergut erstaunt die Augen. Denn in China beherbergt diese Kirche hinter ihrer Fassade eine die Filiale eines Schnellrestaurants. Oftmals fragen Touristen aus China in Hallstatt nach, warum das dort nicht so ist. Daß in solch einer Kirche Gottesdienste gefeiert werden, im Sommer auch von deutschen Urlaubsseelsorgern mit zahlreichen Gästen, und kein Schnellrestaurant Hamburger und Pommes Frites verkauft - unvorstellbar ist das für so manchen Reisenden aus Fernost.

Die besten Geschichten schreibt immer noch das wahre Leben. So auch diese. Doch was ist die Moral von der G´schicht? Werden auch wir es eines Tages seltsam finden, daß unsere Kirchen wirklich noch als Gotteshäuser dienen? Wirkt das schon geradezu exotisch, wenn Gläubige sich (nicht nur) am Sonntagmorgen in ihrer Kirche treffen, um miteinander zu beten, zu singen und Gottes Wort zu hören? Gottesdienst zu feiern an jedem Sonntag in jeder Kirche - das ist ja selbst bei uns in Ostfriesland schon nicht mehr überall der Fall. So manches Gotteshaus bleibt sonntags verschlossen.

Der Grund dafür ist auch der Pastorenmangel, der in den Dörfern auf dem Lande bereits voll zu Buche schlägt. Doch immer öfter haben Pastoren und Pastorinnen schlicht kein Interesse mehr daran, am Sonntagmorgen in ihren Kirchen mit nur wenigen Gläubigen zu singen und zu beten. Lieber legen sie ihre Gottesdienste zusammen. So bleiben sonntags viele Kirchentüren bereits geschlossen.

Vor einem halben Jahrhundert sind die wenigen evangelischen Christen und Christinnen im Oberkärntner Mölltal einen anderen Weg gegangen. Auch diese Region ist wie das Salzkammergut einst durch den Bergbau zu Wohlstand gekommen. Für den sonntäglichen Gottesdienst wollten die Mölltaler Protestanten nicht länger den weiten Weg bis nach Spittal am Millstätter See auf sich nehmen. Am Ortsrand von Obervellach konnten sie 1967 eine Wiese erwerben, um darauf ein kleines evangelisches Kirchlein zu erbauen, die Kirche Zum Guten Hirten. Seither feiern sie dort ihre eigenen Gottesdienste, und mir dient diese Kirche seit vielen Jahren im Sommer als Stützpunkt für die Urlaubsseelsorge mit den Gästen im Mölltal.

„Der Mensch lebt nicht vom Brot allein, sondern von jedem Wort, das aus dem Munde Gottes kommt," hat Jesus einmal gesagt (Mt 4, 4). Und Martin Luther hat ihn vor fünfhundert Jahren buchstäblich beim Wort genommen. Darum wurde er nicht müde, den Menschen bei jeder sich bietenden Gelegenheit Gottes Wort zu verkündigen. Nur so können sie erfahren, was Gott wirklich will und wie die mittelalterliche Kirche die Gläubigen getäuscht hat. Die Reformation war eine Predigt- und Seelsorgebewegung. Das ist sie bis heute geblieben, und darum ist es bedauerlich, wenn Gottesdienste zu feiern aus Sicht mancher Pastoren und Pastorinnen nur noch eine lästige Pflicht ist, die zu erfüllen immer häufiger von der Zahl ihrer Besucher abhängt.

Andersherum wird ein Schuh draus. Das zeigt die Urlaubsseelsorge. Nicht nur in Kirchen Andachten und Gottesdienste zu feiern, auch im Kurpark oder auf Berggipfeln, bei uns an der Küste gern auch am Strand oder in den Dünen mit der Nordsee im Hintergrund, das führt immer noch genug Menschen zusammen - mal mehr und mal weniger. Ihr Fast Food oder auch wirklich gutes Essen holen sie sich danach woanders.

Auch uneingestanden geht es uns gerade im Urlaub so wie der Schauspielerin Anna Schudt. Dem Fernsehpublikum in Deutschland wie in Österreich ist sie in ihrer Rolle als Dortmunder „Tatort"-Kommissarin bekannt geworden. Im Interview für ein christliches Monatsmagazin (chrismon 04.2017, S. 34) sagte die Schauspielerin von sich: „In der letzten Zeit bin ich wieder häufig in der Kirche. Sie ist für mich ein Raum, in dem ich außerhalb bin von Gewusel und Gewirre, außerhalb von Ansprüchen an mich - ob die nun von mir selbst kommen oder von anderen. Ich begebe mich dort in etwas Größeres, ich begebe mich in einen Raum, wo ich innehalte und still bin und zulasse, daß es etwas anderes gibt als mich." Tiefsinnige Einsichten einer prominenten Schauspielerin, die es ansonsten gewohnt ist, stets im Mittelpunkt zu stehen und von ihrem Fernsehpublikum bewundert zu werden.

Die Welt hat einen anderen Mittelpunkt als mich selbst, und ich bin mit meinem Leben hineingestellt in die Geschichte Gottes mit allen seinen Geschöpfen: Das kann ich erfahren, solange unsere Kirchen nicht tatsächlich eines Tages zu Schnellrestaurants umfunktioniert werden oder immer öfter geschlossen bleiben, auch am Sonntagmorgen. Noch ist es nicht soweit, und das tut uns allen gut. Auch dann, wenn der Gottesdienst mal nicht in einer Kirche stattfindet, sondern draußen im Kurpark oder unter freiem Himmel.

(2017)

Im Sonnenuntergang: der Blick zurück

„Die Gegenwart gleicht der verwischten Landschaft, die während einer Autofahrt an den Seitenfenstern vorbeihuscht. Im Rückspiegel erst sieht man, wie die Landschaft sich zu einem klaren Bild fügt. Diese Landschaft im Spiegel, die in jedem Augenblick neu entsteht und von der wir uns ununterbrochen entfernen, ist die Vergangenheit. Gegenwart ist immer verwirrend, vage und vieldeutig. Sie bestimmt unser Leben, läßt sich selbst aber nur als vergangene erfassen und verstehen. Gegenwart ist nichts als der flüchtige Augenblick zwischen Erwartung und Erinnerung, Hoffnung und Vergehen. Alles, was als Geschehen ins Bewußtsein tritt, ist bereits Vergangenheit. Die Gegenwart ist wortlos, die Wirklichkeit ist wortlos.“ (Klaus Modick, Sunset, München 2012, S. 189)

Solche beklemmenden Gefühle und Grübeleien sind es, die dem erfolgreichen deutsch-jüdischen Schriftsteller Lion Feuchtwanger gegen Ende seines Lebens im kalifornischen Exil die Tage schwer machen. Sein in der norddeutschen Universitätsstadt Oldenburg lebender Biograph Klaus Modick verleiht ihnen in dem vor wenigen Jahren erschienenen Roman „Sunset“ diese Worte. Was ist die Bilanz seines Lebens? Was bleibt von dieser Schriftstellerexistenz? Und was davon könnte er noch einmal in Worte fassen für ein letztes Buch - Worte, die ihren Schöpfer überdauern? So fragt sich Feuchtwanger in dem Buch von Klaus Modick.

„Erwartung und Erinnerung, Hoffnung und Vergehen“ umklammern jeden Augenblick unseres Lebens, noch bevor wir uns seiner bewußt geworden sind. Leben ist das, was geschieht, während du noch darüber nachdenkst, was das Leben ist. Auch dies ist so eine Lebensweisheit; John Lennon wird sie zugeschrieben. Tröstet sie? Weckt sie neue Hoffnung?

Das Leben als Reise: Man muß nicht wie der erfolgreiche und wohlhabende Schriftsteller Lion Feuchtwanger in den vierziger Jahren des vergangenen 20. Jahrhunderts im Auto über die kalifornischen Highways am Pazifik rollen und dabei grandiose Ausblicke auf den Ozean genießen, um zu spüren, welch schöne Erfahrungen sich damit eben auch verbinden. Die allermeisten Menschen gehen gerne auf Reisen. Denn sie führen weg von zuhause und verheißen neue Erfahrungen: Abwechslung vom Alltag. Dabei zeigt sich das Leben noch einmal ganz neu.

Mit jedem Wimpernschlag entsteht die Welt vor unseren Augen von neuem. Vielleicht tatsächlich so wie beim Blick durchs Seitenfenster während einer Autofahrt. Rasend schnell wechselt die Welt ihr Gesicht, von Augenblick zu Augenblick. Und wir genießen das, erwartungsvoll.

Nur beim Blick in den Rückspiegel ordnet sich die Landschaft hinter uns. Das hat zwei Seiten. Das Auge muß sich nicht fortwährend auf Neues einstellen. Was sich im Rückspiegel zeigt, ist das Gewohnte, das Zuhause, die Heimat. Sie weicht hinter uns zurück, gibt noch einmal Sicherheit, bevor sich der Blick nach vorne wendet. Der Blick zurück ist immer der Blick in die Vergangenheit. Sie reichert sich immer mehr an und wird dabei doch immer kleiner. Und sie läßt sich nicht festhalten. Gegenwart ist etwas anderes.

Als ich noch ein kleines Kind war, haben wir am Wochenende oft meine Großeltern besucht, eine gute Autostunde von unserem Wohnort entfernt. Bei der Abfahrt von zuhause habe ich im Auto gerne noch einmal über die Schulter durchs Heckfenster geschaut. Die Straße, in der wir wohnten, unser Dorf, die heimatliche Landschaft - alles ist noch vertraut. Doch es bleibt hinter mir zurück, und bald schon kenne ich selbst das nicht mehr, was ich durchs Heckfenster sehe. Spätestens jetzt wird es Zeit, nur noch nach vorne zu schauen.

Loslassen, was buchstäblich hinter mir liegt, das ist die Bedingung für die Vorfreude, die sich nun regt. Gespannt sein auf Neues, dafür machen wir uns auf den Weg. Nicht nur einmal im Jahr führt uns dieser Weg in den Urlaub. In Ostfriesland herrscht immer ein Kommen und Gehen. Nicht nur die Sommerferien, auch jedes verlängerte Wochenende nutzen Urlauber dazu, bei uns ein paar Tage an der Nordsee zu verbringen.

Denn hier spüren die Gäste das Leben wieder neu. Das liegt nicht nur an der schönen Landschaft und der guten Luft am Meer. Da hat jeder seine eigenen Vorlieben. Andere Erholungsuchende fahren lieber in die Alpen statt ans Meer. Im Urlaub gilt es, die knappe Zeit zu genießen. Erst dann erfahren wir wieder von neuem, wie kostbar jeder Augenblick im Leben ist: Gottes Geschenk an jeden Menschen. Zuhause nimmt uns das Gewohnte, unser Alltag, das Gespür dafür.

Vom „Dunkel des gelebten Augenblicks“ sprach darum Lion Feuchtwangers Zeitgenosse Ernst Bloch, auch er ein deutsch-jüdischer Exilant in den USA. Und ein Kabarettist unserer Tage verhöhnte die Sehnsucht von Goethes Faust, die Freuden eines einzigen Augenblicks für immer festhalten zu können, mit den Worten: „Und sage ich noch zum Augenblick: Verweile doch, du bist so schön – schon ist er weg, auf Wiedersehn.“ Doch daran nicht zu zerbrechen, an diesem steten Wechsel von Eindrücken und Erfahrungen, die allesamt vergänglich sind und es bleiben, auch dazu verhilft uns Gott. Denn er schenkt uns unsere Zeit mit all ihren Erfahrungen, den schönen wie den schweren. Und er hält unser Leben in seiner Hand, über die Grenze von Zeit und Ewigkeit hinweg.

(2016)

Wo ist Heimat?

„Hoamat is do, wo i gern sein mog“ - So las ich es mit Kreide auf einer kleinen Schiefertafel an der Wand geschrieben, als wir einen Gasthof in einem Dorf am Chiemsee betraten. Gleich hinter der wuchtigen Eingangstür wird der Gast mit einem einladenden Spruch im feinsten oberbayerischen Dialekt empfangen, noch bevor er durch eine weitere Tür den Speiseraum betritt. Heimat ist da, wo ich gern sein mag. Das verstehen selbst Norddeutsche wie wir auf Anhieb.

Gleich gegenüber liegt die Kirche mit dem Kirchhof drum herum, darauf gepflegte Familiengräber unter alten Linden. Eine bayerische Idylle, wie sie zahllose Urlaubsgäste nicht nur im Sommer überaus schätzen. Das Thema Heimat ist wieder in aller Munde. Einen gewichtigen Beitrag dazu liefert dieses Dorf - und dieser Gasthof erst recht.

Dabei waren wir nur gekommen, um abends noch etwas Bodenständiges zu essen, bayerische Küche: Schweinsbraten mit Knödel und Sauerkraut, Leberkäse oder auch Fisch aus dem Chiemsee. All das hatte die Speisekarte zu bieten. Am Nachbartisch im urigen Gastraum saßen bereits ein paar Männer und ließen beim Bier den Tag Revue passieren: Feierabendgespräche am Ende einer harten Arbeitswoche. So beginnt für sie am Freitagabend das Wochenende, im Gasthof gegenüber der Kirche. Wahrscheinlich sitzen sie am Sonntagvormittag wieder hier und genehmigen sich ein Bier zum Frühschoppen nach dem Gottesdienst, dachte ich. Bayrische Wirtshauskultur vom Feinsten. Zwanglos ergänzt sie sich mit dem sonntäglichen Kirchgang. Heimat ist da, wo Gäste aus Norddeutschland wie wir jedenfalls nicht mehr als „Saupreußen“ beschimpft werden wie früher, fuhr es mir durch den Kopf.

Ganz im Gegenteil: Wir wurden zuvorkommend bedient, und das Essen war phantastisch. Dort waren auch wir gern.

Immer wieder schallten ein paar Gesprächsfetzen vom Nachbartisch herüber. Nur wenig verstand ich davon dank der für uns ungewohnten oberbayerischen Mundart. Doch eines wurde mir auch klar: Heimat ist da, wo andere Menschen mich an ihrem Leben teilhaben lassen. Typisch bayerische Gelassenheit begegnete uns an jenem Abend: leben und leben lassen. Dieser Gasthof macht seinem Wahlspruch am Eingang alle Ehre.

Das alles dürfte bei uns in Ostfriesland nicht viel anders sein. Nicht nur im Sommer empfangen auch Ostfriesen mit Stolz ihre Gäste. Das ganze Jahr über kommen Urlauber zu uns, um sich auf den Inseln, an der Küste oder auch im Hinterland zu erholen. Und sie sind gern gesehen.

Wenn ich mit meiner Familie auf Reisen gehe, denke ich jedes Mal: Für ein paar Wochen sind wir nun Gäste in der Heimat anderer Leute. Seit vielen Jahren verbinden wir unseren Urlaub in Kärnten drei Wochen lang mit der Urlaubsseelsorge für andere Gäste, die sich dort im Hochgebirge genauso erholen wie wir. Längst haben wir an unserem Urlaubsort gute Freunde gewonnen. Sie freuen sich jedes Mal auf unser Kommen - und wir uns auf sie. Deren Heimat ist uns mit der Zeit zur sprichwörtlichen „zweiten Heimat" geworden.

Dazu tragen auch die Gottesdienste und Andachten bei, die wir miteinander und mit Urlaubern aus Deutschland und den Niederlanden feiern. Zur Beheimatung in dieser Welt leistet auch der Glaube einen wichtigen Beitrag, nicht nur die Lebensart und das gute Miteinander der Menschen an ihrem Wohnort. Denn er lehrt uns die Welt als Gottes Schöpfung zu sehen - und unsere Mitmenschen als Gottes geliebte Geschöpfe gleichwie wir. Dazu gehören auch die Gäste, denen wir zuhause ein paar Urlaubstage lang Einblick in unsere Heimat gewähren.

Gleichwohl sagt der Glaube uns auch: Die Beheimatung in dieser Welt ist nicht alles. Alle unsere Urlaubsreisen sind nur Teil einer viel größeren Reise: der Reise durch unser Leben, bis wir mit Jesus Christus vereint sind im ewigen Reich unseres Schöpfers. So rief es der Apostel Paulus in seinem Brief an die christliche Gemeinde in Philippi in Erinnerung: „Wir sind im Himmel zu Hause, woher wir als Retter den Herrn Jesus Christus erwarten." (Phil 3, 20) Der große Theologe Martin Dibelius bemerkte schon vor gut hundert Jahren dazu: „Wir haben unser Heimatreich im Himmel und sind hier auf Erden eine Kolonie von Himmelsbürgern." Wer das ernst nimmt, braucht seine irdische Heimat nicht gegen Fremde abzuschotten und wird anderen Menschen in deren Heimat stets mit offenen Augen und wachem Herzen begegnen - gerade wenn wir wieder auf Reisen zu unseren Urlaubszielen gehen. Denn Heimat ist da, wo ich gern sein mag – und andere auch.

(2018)

Unter dem Kreuz

„Komm unter das Kreuz!“ Hinter mir ruft laut eine Frauenstimme, offenbar vergeblich. Darum wiederholt die Frau ihre Worte noch eindringlicher: „Komm unter das Kreuz!“ Ich schaue mich um. Wer mag sich von ihr angesprochen fühlen?

Wir stehen am Schareck, einem Berggipfel in den Hohen Tauern mit Blick auf den nahegelegenen Großglockner, den höchsten Berg Österreichs. Dort oben in mehr als 2600 Metern Höhe weht immer ein frischer Wind. Wer am Gipfel angekommen ist, will erst einmal verschnaufen und die überwältigende Aussicht auf die umliegenden Berge genießen.

An jenem Sommertag zog es bei „Kaiserwetter“ zahlreiche Bergwanderer auf das Schareck. Der Gipfel war umlagert. Ich hörte ein buntes Stimmengewirr von deutschen, niederländischen, aber auch italienischen und sogar englischen Urlaubern. Sie alle genossen den überwältigenden Ausblick. Mittendrin der zweimalige Ruf: „Komm unter das Kreuz!“

Den Gipfel des Schareck markiert wie üblich ein weithin sichtbares hölzernes Kreuz. Mit zwei Schienen aus Stahl ist es im Fels verankert. Zu seinen Füßen hat man ein Bänkchen montiert, heiß begehrte Sitzgelegenheit unter den Bergwanderern. Gerade hatten sich zwei von ihnen erhoben und steigen wieder zu Tal. Blitzschnell hat eine Frau die Chance ergriffen und für sich und ihren Mann die freien Plätze eingenommen. Jetzt rief sie ihn aus der Menge heraus zu sich: „Komm unter das Kreuz!“ Nach der zweiten Aufforderung setzte sich der Angesprochene erleichtert neben seine fürsorgliche Gattin. Doch was mochte ihm jetzt zu Füßen des Gipfelkreuzes durch den Kopf gehen? War er vor allem erleichtert, neben seiner Frau sitzend nach dem Aufstieg verschnaufen zu können?

„Komm unter das Kreuz!“ Vor fünfhundert Jahren hätte das der Schlachtruf des Augustinermönchs und Theologieprofessors Martin Luther in Wittenberg sein können. Welche Folgen dies hatte für den Glauben der Menschen nicht nur am Beginn der Neuzeit, zeigten landauf, landab all die Feierlichkeiten zum fünfhundertjährigen Jubiläum der Reformation. Was bedeutet es uns auch heute noch, in der Tradition des religiösen Aufbruchs von Martin Luther und dessen berühmten Thesen vom 31. Oktober 1517 zu stehen?

Vielleicht hilft dabei der schlichte Zuruf: „Komm unter das Kreuz!“ Entdecke Gott noch einmal neu dort, wo er sich ganz klein macht. Dort, wo Gott voll und ganz für uns da ist und sogar riskiert, daß wir darüber nur noch den Kopf schütteln. Denn wer versteht schon, warum der allmächtige Gott seinen Sohn unschuldig den Verbrechertod am Kreuz sterben ließ, um uns dadurch mit sich zu versöhnen? Für viele Menschen unserer Tage hat sich diese Botschaft schlicht erledigt.

Martin Luther hat das noch vollkommen anders erlebt. Wer wie er ganz bewußt ein Leben im Angesicht Gottes führen will und sich ihm verantwortlich fühlt, den führt das über kurz oder lang tatsächlich unter das Kreuz. Denn da erleben wir Gott nicht als machtvoll fordernd und verurteilend, sondern als liebevoll und allen Menschen gnädig zugewandt. Kein Wunder also, daß das Kreuz in evangelischen Kirchen immer im Mittelpunkt steht. „Niemand hat größere Liebe als die, daß er sein Leben läßt für seine Freunde“, sagt Jesus darum im Johannesevangelium zu seinen Jüngern (Joh 15, 3).

Diese Liebe finde ich allein unter dem Kreuz und nicht mehr in einer Kirche, der ihre Macht und ihre Pracht längst wichtiger waren als die Botschaft von der bedingungslosen Liebe Gottes zu allen Menschen: So hatte es Martin Luther in seinem turbulenten Leben ganz persönlich erfahren.

Darum ließ er nicht locker, zunächst seine Wittenberger und selbst noch Kaiser und Papst zurückzurufen unter das Kreuz, an dem der Gottessohn Jesus Christus starb.

„Komm unter das Kreuz!" Dort kann man gut rasten und ausruhen von so manchen Strapazen. Nicht nur von einem Gipfelanstieg. Unter dem Kreuz gewinnen wir stets den Blick auf das große Ganze. So auch auf das, was unser Leben wirklich trägt in guten wie in schweren Zeiten.

Ob solche Gedanken den beiden müden Wanderern durch den Kopf gingen, als sie auf dem Bänkchen unter dem Gipfelkreuz am Schareck saßen? Ich kann es nur vermuten, oder besser: Ich kann es nur hoffen – für uns alle, auch zuhause im flachen Ostfriesland.

(2017)

Brettljause

Dekorativ steckte das Messer senkrecht im Brettchen. Rundherum lagen allerlei Wurstspezialitäten und verschiedene Käsesorten darauf, dazu ein goldgelbes Stück Butter und schmackhaftes Gemüse: Paprikastreifen, halbierte Tomaten und eine Peperoni. Ein bunter Augenschmaus schon für den Betrachter.

Nach einer Bergwanderung saßen wir vor einer Kärntner Almhütte und warteten auf unser bestelltes Essen. An den rustikalen Holztischen auf der Terrasse studierten ebenso hungrige Wanderer noch die Speisekarte. Wieder andere spielten mit dem Handy, bis ihre Mahlzeit aufgetragen wurde. Das Glockengeläut der Kühe auf der Alm übertönte noch die Gesprächsfetzen von den Nachbartischen: eine Sommeridylle unter strahlend blauem Himmel.

Am Tisch neben uns hatte ein Vater mit seinem Sohn Platz genommen. Noch ins Gespräch vertieft, bekamen die beiden eine üppige Brettljause serviert: Wurst und Käse in reichhaltiger Vielfalt auf einem hölzernen Brettchen, dazu duftendes Bauernbrot im Korb. Derweilen ließen wir uns lieber eine vorzügliche hausgemachte Suppe schmecken.

Als wir nach unserer Mahlzeit wieder aufbrachen, um zu Tal zu wandern, sah ich im Vorbeigehen, wie auch am Nachbartisch abgeräumt wurde. Die beiden Gäste hatten längst bezahlt und waren verschwunden. Ihre Brettljause ging fast zur Gänze zurück. Das Messer steckte noch immer im Brett; sie hatten nichts damit anzufangen gewußt.

Auf der Alm bekommt man zur Brettljause immer ein scharfes Küchenmesser, um damit das dazu gehörende Stück Räucherspeck möglichst dünn aufzuschneiden. Erst so kann der Speck sein herzhaftes Aroma entfalten. Ebenso schneidet man die luftgetrocknete Hauswurst und den

Hartkäse, der in den Sommerwochen aus der frischen Milch auf der Alm hergestellt wird, auf dem Brettchen selber auf. Die beiden Gäste hatten nur den bereits vorgeschnittenen Schinken mit einer Scheibe Brot verzehrt und alles andere zurückgehen lassen, sogar die Butter.

Bei diesem Anblick war ich peinlich berührt, nicht nur weil die wunderbaren Speisen fast zur Gänze im Müll landen, während anderswo auf der Welt Menschen verhungern. Auch die Achtlosigkeit der Leute vor so herrlichen Naturprodukten macht mich ratlos. Wie die meisten Urlauber freuen wir uns jedes Mal darauf, im Sommer in Kärnten landestypische Spezialitäten zu genießen und kein Allerweltsessen. Gerade auf den Almhütten werden durchweg nur frische bäuerliche Spitzen-Produkte aus der Region aufgetischt, aber keine Tiefkühlware.

Doch Qualität hat auch ihren Preis. Fleisch zu Tiefstpreisen aus Massentierhaltung ist in Österreich auch bei den Lebensmittel-Discountern nicht zu finden. Umso achtsamer gehen wir mit den vorzüglichen Speisen aus der lokalen Küche um, die wir uns im Urlaub gönnen. Da spielt es keine Rolle, wenn das womöglich unsere Eßgewohnheiten noch einmal neu herausfordert, weil wir erst zum Küchenmesser greifen müssen, bevor wir uns Speck und Käse schmecken lassen. Einfach die vorgeschnittene Wurst aus der Klarsichtverpackung hervorholen oder rasch eine Tiefkühlpizza in den Backofen schieben, das können wir auch wieder zuhause.

Das Auge ißt mit, sagt ein Sprichwort - zu Recht. Darum ist mir bei Lebensmitteln schon deren Anblick wichtig - wie bei einer bunt garnierten Brettljause zum Beispiel. Das lehrt mich, Lebensmittel wirklich wertzuschätzen und mit allen Sinnen zu genießen. Diese Erfahrung bereichert jedes Mal unseren Sommerurlaub in Kärnten. Dann kann ich später im Herbst zum Erntedankfest Gott auch wieder dafür danken, daß hierzulande alle Menschen satt werden können. Das verdanken wir den für jedermann bezahlbaren (oder bereits viel zu billigen) und in immer gleicher Qualität und Menge verfügbaren Lebensmitteln. Was darüber hinaus geht, ist ein bischen Luxus, den man sich nicht täglich gönnt.

Gleichwohl will ich nicht vergessen: Der Hunger in anderen Teilen dieser Welt bleibt ein Skandal - ebenso wie manche unserer Eßgewohnheiten. Denn einfach nur ein Schinkenbrot für den kleinen Hunger gab es auf der Speisekarte jener Almwirtschaft auch.

(2017)

Wir machen´s jetzt auch

Kaum saßen wir im Auto, um gleich zu Beginn der Sommerferien in den Urlaub zu fahren, fiel mir auch schon ein, daß ich vergessen hatte, mein Notizbuch mit den Adressen von Freunden und Bekannten ins Reisegepäck zu stecken. Urlaubskarten aus Kärnten nach Hause zu verschicken, entfällt dann diesmal, ging es mir durch den Kopf. Eine Sorge weniger. Ohnehin waren wir in den vergangenen Jahren so oft in Kärnten, daß es uns mittlerweile immer schwerer fällt, interessante Ansichtskarten zu finden, die wir bisher noch nicht versandt haben. Also Schluß mit diesen spießigen alten Bräuchen, notgedrungen.

Doch wer genau hinschaut, konnte auch im Süden Österreichs entdecken, daß die in den Urlaubsorten unübersehbaren Ständer mit lauter bunten Ansichtskarten weitgehend verschwunden sind. Kaum jemand kauft diese Karten noch und schickt sie an die Lieben zuhause. Denn die eigenen Schnappschüsse aus dem Urlaub haben den Ansichtskarten vergangener Tage längst den Rang abgelaufen.

Jeder fotografiert ungeniert drauflos und hält alle Erlebnisse sogleich im Bild fest, am bequemsten mit der Kamerafunktion in seinem Smartphone. Dank der digitalen Speichertechnik kommt es dabei auf ein paar Bilder mehr oder weniger auch nicht mehr an. Mit den Kurznachrichtendiensten auf dem Handy lassen sich dann auch gleich bebilderte Urlaubsgrüße nach Hause schicken. Schließlich sind die mobilen Telefonnummern aller Freunde und Verwandten auf dem Handy eingespeichert; den Rest erledigt WhatsApp durchs Internet. Wofür braucht es da noch ein Notizbuch mit einem Adressenverzeichnis im Reisegepäck? Elektronische Grüße aus dem Urlaub und ein dazu passendes Bild (oder gleich mehrere) erreichen die Freunde und Verwandten in Sekundenbruchteilen viel schneller als die altbekannten Ansichtskarten. Sie sind ohnehin mehrere Tage mit der Post unterwegs, bis die Daheimgebliebenen sie zu lesen bekommen.

Also warum die Urlaubsfreuden nicht gleich mit dem Handy mitteilen, am besten jeden Tag von neuem? Nebenbei spart das auch noch Portokosten. Wir machen´s jetzt auch. Nahezu jeder, dem ich bisher eine Karte aus dem Urlaub geschickt habe (eine!), ist ja über WhatsApp erreichbar.

Doch es bleibt ja nicht beim stillen Abschied von den bunten Ansichtskarten. Der neueste Trend besteht darin, seinen Freunden Bilder davon zu schicken, was man gerade ißt oder trinkt - ob im Urlaub oder zuhause. Während ich mich im Winter in einer dreiwöchigen Kur von einer Krankheit erholt habe, schickte mein Sohn mir Bilder von seinem Geburtstagsessen, zu dem er seine besten Freunde in ein Restaurant eingeladen hatte. So konnte ich in der Klinik an seiner Feier teilhaben und mich mit ihm über ein tolles Menü an seinem Geburtstag freuen; das war schon klasse.

Auch im Urlaub haben wir das fortgesetzt. Am lustigsten war es, als wir uns auf einer Almwirtschaft hoch über dem Mölltal und in Sichtweite des Großglockners eine Brettljause für vier Personen bestellt haben. Aufgetischt wurde wie zu erwarten auf einem riesigen Schneidbrett eine üppige Auswahl an Käse, Wurst und geräuchertem Speck sowie Tomaten, Gurken, Meerettich und Paprika und nicht zuletzt Butter von den Kühen auf der Alm. Dazu wird stets frisches Bauernbrot gereicht. Der Tisch, an dem wir vor der Almhütte in der Sonne saßen, war gerade groß genug, das alles aufzunehmen. Unsere Augen wurden immer größer bei diesem Anblick.

Bevor wir zum Messer griffen, um uns die ersten duftenden Brotscheiben zu belegen, entstanden erst einmal ein paar Handy-Fotos von der Brettljause. Das Auge ißt schließlich mit, und den überwältigenden Eindruck all der

Köstlichkeiten galt es zu bewahren, nicht nur als Urlaubserinnerung für uns, auch für die Freunde daheim. Ihnen haben wir sie auch gleich geschickt: Bilder von dem Käse, der auf der Alm aus der Milch der dort lebenden Kühe in der eigenen Käserei hergestellt wird, und von den Wurstwaren, die ein Metzger unten im Tal aus Fleisch aus dem Mölltal produziert und nicht irgendeine große Wurstfabrik weit entfernt. Frischer geht es nicht, das war zu schmecken. Und zu sehen!

Manch einem mag es seltsam erscheinen, Lebensmittel erst zu fotografieren, bevor wir sie essen. Doch in solchen Glücksmomenten lohnt es sich, auch aus Achtung vor so einer hochwertigen Mahlzeit die Erinnerung daran in Gestalt eines Bildes wachzuhalten. Wer würde schon eine Tiefkühl-Pizza fotografieren, die einfach nur im Backofen erwärmt wurde?

Vielleicht helfen solche neuen Moden wie das Fotografieren von Speisen ja auch, die Ehrfurcht vor der täglichen Nahrung wachzuhalten. Solche Bilder sind für mich nicht nur eine nette Urlaubserinnerung. Im Spätsommer vor dem nahen Erntedankfest wecken sie auch meine Dankbarkeit gegenüber Gott von neuem. Denn von ihm kommt letztlich unser täglich´ Brot, auch wenn es nicht immer so ansehnlich ist wie dort oben auf der Alm. Daß längst nicht jeder sich solche fotogenen Speisen leisten kann und es anderswo auf dieser Welt schon an den Grundnahrungsmitteln für alle Menschen mangelt, sei bei aller Gaumenfreude im Urlaub nicht verschwiegen. Das bleibt ein Skandal. Auch darauf immer wieder neu hinzuweisen, gehört für mich zum Erntedankfest - gerade auch dann, wenn wir wieder mal in der Fotogalerie auf dem Handy in kulinarischen Urlaubserinnerungen schwelgen.

(2018)

In Gottes Licht

Nebeneinander standen wir auf der Borkumer Strandpromenade und schauten in den Sonnenuntergang. Viele Teilnehmer unserer alljährlichen Wochenend-Freizeit im Herbst auf Borkum zieht es gleich nach der Ankunft gegen Abend erst einmal an den Strand. „Borkum, die Insel der schönsten Sonnenuntergänge": So oder so ähnlich hatte ich es in irgendeiner Werbebroschüre gelesen. Und tatsächlich, auf Borkum von der Promenade aus die Sonne allmählich in der Nordsee untergehen zu sehen, das allein ist schon die Reise wert.

Auch in unserem Familienurlaub ebenfalls an der Nordsee, in St. Peter-Ording an der schleswig-holsteinischen Westküste, ging ich gleich am ersten Abend noch an den Strand. Dazu muß man dort erst einmal die mehr als einen Kilometer lange Seebrücke überqueren. An den berühmten Pfahlbauten vorbei stapfte ich durch den Sand bis zur Wasserkante. Es dämmerte bereits, und der Strand schien so gut wie leergefegt. Keine Menschenseele war mehr zu sehen.

Am Horizont im Westen türmten sich über dem Meer ein paar Wolken auf. Die untergehende Sonne färbte den Himmel in ein kräftiges Rot. Von Minute zu Minute wurde es merklich dunkler. Ich genoß dieses prächtige Farbenspiel des Sonnenuntergangs, vor meinen Füßen das Schwappen der Wellen des auflaufenden Wassers. Dazu blies ein kräftiger Wind. Über die Seebrücke würde ich später bereits bei Dunkelheit in den Ort zurückkehren.

Plötzlich wurde es hell neben mir. Zu meiner Seite stand ein weiterer Kurgast. Im Windgebraus hatte ich gar nicht bemerkt, wie er neben mich getreten war, um ebenfalls den Sonnenuntergang zu beobachten. Weit und breit gab es nur uns beide, den Blick aufs Meer und den rot gefärbten Himmel gerichtet. Mehr und mehr versank der Strand im Dunkeln.

Nicht ganz. Denn dieser Mann neben mir hielt vor sich in der Hand sein Smartphone. Immer wieder schaute er darauf, und in der hereinbrechenden Dämmerung erleuchtete das Licht vom Display des Handys seine Gesichtszüge. Vor uns beiden versank die Welt allmählich im abendlichen Dunkel, ein wunderbares Schauspiel der Natur dort am Meeressaum. Ungestörte Ruhe. Doch eine andere Welt läßt es gleich wieder hell werden, schoß es mir bei diesem Anblick durch den Kopf: die Welt der Handy-Dauernutzer. Kann er sein Smartphone nicht wenigstens in diesen kostbaren Minuten in der Jackentasche lassen? Offenbar nicht. Irgendwelche Informationen mußte er auch jetzt gerade auf seinem Smartphone abrufen. Vorbei war´s mit dem Zauber der Dämmerung.

Mit Szenen wie dieser warb eine große Bank eine Zeitlang für ihre Online-Geschäfte. Auf ihren Werbeplakaten schauten junge Menschen zumeist vor einem abgedunkelten Hintergrund begeistert auf ihr Smartphone in der Hand. Ihr Gesicht strahlte dabei hell erleuchtet vom Licht aus dem Display. Nichts geht ohne „meine hab-ich-immer-dabei-Bank", lautete der dazu passende Werbespruch auf dem Plakat.

Eine ganz eigene Welt tut sich dabei auf. Nicht nur Online-Banking, auch fotografieren, Musik hören, Kurznachrichten im Internet versenden und nicht zuletzt ja auch noch telefonieren - das alles und noch viel mehr leistet das Smartphone. Immer mehr Menschen lassen sich von dieser ganz eigenen Welt aus dem Mobiltelefon aufsaugen. Die Welt um sie herum interessiert da nur noch am Rande. Die Erleuchtung im Leben bringt uns buchstäblich der kleine Bildschirm auf dem Handy.

Wie anders war doch die Welt unserer Vorfahren, viel lebensnäher. Im Buch der Psalmen lese ich: „Bei dir ist der Quell des Lebens, und in deinem

Lichte sehen wir das Licht." (Psalm 36, 10) Für mich ist es immer noch Gottes Licht, das es wirklich hell werden läßt in unserem Leben - und das uns so herrliche Sonnenuntergänge schenkt, nicht nur an der Nordsee. Ich genieße das jedes Mal. Gottes Licht leuchtet uns voran, auch wenn die Tage kürzer werden im Herbst und wenn es dunkel wird um uns und in uns. Diese Quelle des Lebens ist durch nichts zu ersetzen, auch nicht durch die Welt der Smartphones. Mag mittlerweile auch nahezu jeder sein Mobiltelefon noch so leidenschaftlich nutzen, tagein, tagaus.

Diesen Glauben lasse ich mir nicht nehmen, selbst wenn er aus der Zeit gefallen scheint: das Vertrauen darauf, daß mein Leben an dem hängt, was Gott mir schenkt, und nicht an allem, was mir der Bildschirm eines Smartphones anzeigt. Denn wie künstlich und wie arm ist die „hab-ich-immer-dabei-Welt" gegen die wirkliche Welt, in die Gott jedes seiner Geschöpfe hineingesetzt hat? So fragte ich mich, als ich dann tatsächlich bereits im Dunkeln den Strand verließ und über die Seebrücke ins Kurbad zurückkehrte, dankbar für solch einen wunderbaren Tagesausklang im Herbst.

(2014)

Reformation für alle

Jedes Jahr zum 31. Oktober erinnern wir uns an den Anfang der Reformation vor 500 Jahren. Was der Augustinermönch und Theologieprofessor Martin Luther in Wittenberg damals angestoßen hat, prägt auch uns noch. Seither nennen wir uns evangelisch-lutherische Christen, auch wenn Martin Luther das alles andere als recht wäre. Denn er wollte gar keine eigene Kirche gründen. Ihm ging es darum, vielerlei Mißstände, lauter Irrungen und Wirrungen, in der damaligen Papst-Kirche abzustellen. Die Menschen sollten sich schlicht wieder an Gottes Wort orientieren können. Doch ein undurchsichtiges Kirchenrecht war dabei nur hinderlich geworden und lähmte das Leben in den Gemeinden. Rechtsbestimmungen waren wichtiger als das Wort Gottes in der Bibel. Das wollte Luther nicht länger hinnehmen.

Wenn die Bibel wieder alleinige Richtschnur unseres Lebens wird, dann weiß jeder, woran er ist im Leben. Auf diesen einfachen Nenner brachte Martin Luther seine Forderungen an den Papst und auch den Kaiser. Die vielen Rechtsbestimmungen in der Kirche, unsinnige Gebräuche und mancherlei fragwürdige Gewohnheiten sorgen nur für Verwirrung bei den Gläubigen - abgesehen von der finanziellen Ausbeutung religiöser Gefühle durch das Ablaßwesen. Es geht viel einfacher, viel klarer, hielt Martin Luther dem entgegen. Die Bibel ist dabei in ihren Worten ganz eindeutig. Davon war er überzeugt. Doch Luther fand bei seinen Kirchenoberen wenig Gehör.

Allein die Bibel: Das tägliche Lesen in der Bibel war für den Reformator sein Lebenselixier. Ohne die Bibel ging für ihn buchstäblich gar nichts. Gerade alt gewordene Menschen erzählen mir immer gern, wie wichtig ihnen manche Worte aus der Bibel geworden sind. Ihr Konfirmationsspruch, der Trauspruch bei ihrer Eheschließung - das sind solche Worte, deren

Bedeutung mit den Jahren noch steigt. Im Verlauf des Lebens rufen sich uns diese Worte des öfteren wieder ins Gedächtnis, und dann schlagen wir sie nach.

Wie gut, wenn wir dann eine Bibel zur Hand nehmen können. Die Traubibel oder eine alte Familienbibel, über Generationen vererbt und hoch geachtet, stehen noch immer im Regal. Nicht jeden Tag blättern wir darin. Doch solche Bibeln sind unverzichtbar. Sie gehören zum Leben dazu. Darum scheuen wir uns, eine Bibel wegwerfen, wenn sie über die Jahre und Jahrzehnte womöglich schon unansehnlich geworden und zerschlissen ist. Altersspuren zeugen doch davon, daß sie immer wieder mal aufgeschlagen wurde.

Manchmal gehörte die Familienbibel zu den wenigen Habseligkeiten, welche die Menschen mitnehmen konnten, als sie aus ihrer Heimat flüchten mußten, am Ende des Zweiten Weltkriegs und in den Jahren danach. In der Bibel lesen zu können, wenn sonst alle Gewißheiten im Leben verloren gegangen sind und vollkommen unklar ist, wie es weitergehen kann in der Fremde, das half über so manchen Schmerz hinweg. „Der Trost aus der Bibel war das einzige, was uns noch blieb“: Wie oft haben mir alte Menschen das so erzählt - nach allem, was sie in einem wechselhaften Leben mitgemacht haben. Und auch heute noch finden sie Trost und Zuversicht in den alten Worten der Bibel.

Auf diese Weise hat die Reformation Eingang gefunden in unser Leben, auch ganz unaufgefordert. Nicht was die Kirche glaubt, sollen auch wir glauben. Nicht was die Kirche sagt, sollen auch wir beherzigen und am besten ungeprüft nachplappern. Sondern unseren Glauben finden wir, wenn wir in der Bibel lesen. Und das kann jeder, seitdem Martin Luther sie in die deutsche Sprache übersetzt hat. Auf den Dörfern haben die Schulkinder früher oftmals mit der Bibel das Lesen gelernt. „Ein anderes Lesebuch gab es gar nicht", haben mir ältere Menschen manches Mal erzählt. Und zugleich haben sich die biblischen Geschichten dadurch für immer ins Gedächtnis geprägt: ein nützlicher Nebeneffekt.

Martin Luther war oft ein sturer Poltergeist, aber nicht nur das. Er war auch ein ängstlicher Mensch. Neben seinem unerschrockenen Auftreten vor Kaiser und Papst gab es auch die andere Seite an ihm, die grüblerische und wenig selbstsichere. Ängste und Zweifel trieben ihn immer wieder um und raubten ihm buchstäblich den Schlaf. Doch als er in der Bibel las, notfalls auch mitten in der Nacht in seiner Klosterzelle, wurde ihm klar: Mit all dem stehst du nicht allein. Ängste und Zweifel, ebenso Hoffnungen und Freude kannten vor langer Zeit auch die Menschen, die an der Bibel mitgeschrieben haben. In den Psalmen zum Beispiel finden sich deren so zwiespältige wie wechselhafte Gefühle wieder. Vor Gott dürfen sie alles aussprechen, was sie bewegt. Mit ihm dürfen sie auch hadern.

Das können auch wir noch in Anspruch nehmen. Gott hört zu, wenn auch wir nach dem Sinn des Lebens und des Sterbens fragen. Er hält stand, wenn wir ihm unsere Zweifel vorhalten. Auch dann noch spricht er das passende Wort zu uns. Es findet sich in den vielfältigen Worten der Bibel. Auf immer wieder neue Weise redet Gott uns gut zu. Er zeigt uns seine Liebe zu allen Menschen. Gott wirbt darum, daß wir diese Liebe weitergeben und nicht nur für uns behalten. Er stellt uns nicht zur Rede und kanzelt uns nicht ab, wie wir es womöglich verdient hätten.

Als unbedingt barmherzig hatte Martin Luther Gott beim Lesen in der Bibel erfahren. Das hat ihn dann tatsächlich wieder ruhig schlafen lassen. Gottes Worte schaffen das Heil und schüren nicht noch die Angst. Dafür hat Gott sich uns zur Seite gestellt in seinem Sohn Jesus Christus. Was wir von Gott zu erwarten haben, das sehen wir einzig und allein, wenn wir auf Jesus schauen und auf seine Worte hören. Auch das hat Luther bei allen seinen Selbstzweifeln ganz neu für sich entdeckt.

„Der Herr ist mein Hirte, mir wird nichts mangeln."

„Befiehl dem Herrn deine Wege und hoffe auf ihn. Er wird´s wohl machen."

„Fürchte dich nicht, ich habe dich erlöst; ich habe dich bei deinem Namen gerufen, du bist mein."

„Aller Augen warten auf dich, Herr."

„Ich bin der gute Hirte. Der gute Hirte läßt sein Leben für die Schafe."

„Gott ist die Liebe, und wer in der Liebe bleibt, der bleibt in Gott und Gott in ihm."

Biblische Worte, die Menschen ein ganzes Leben lang begleitet haben. Mit solchen Worten können wir das Leben meistern, auch wenn wir nicht immer auf der Sonnenseite stehen. Sie sind ein verläßlicher Grund, auf dem unsere Füße Halt finden. Sie bieten uns einen Anker, wenn der Sturm im Leben womöglich richtig braust. Denn sie bringen, was sie sagen: die unverlierbare Nähe Gottes, der uns trägt und hält bei allem, was kommen mag. Kein Wunder, wenn eine der schönsten Geschichten von Jesus erzählt, wie er einem Sturm auf dem See Genezareth Einhalt gebietet, als seine Jünger um ihr Leben fürchteten, weil ihr Boot zu kentern drohte. „Habt keine Angst, denn ich bin ja bei euch", so beruhigt Jesus zu seine verstörten Gefährten. Und ihre Todesangst weicht dem Vertrauen in ihren Herrn und Meister.

So einfach ist das. So leicht fällt der Glaube. Das hat Martin Luther wieder neu für sich entdeckt in allen seinen harten Auseinandersetzungen mit der damaligen Kirche und dem Kaiser. Auch seine Ängste davor, ob das nicht alles eine Nummer zu groß für ihn ist und ob er nicht doch nachgeben sollte statt sich unnötig in Gefahr zu bringen, behalten nicht die Oberhand. Gottes Liebe ist stärker als alles, was uns im Leben Furcht einflößen kann. Das hat den Reformator so unerschrocken auftreten lassen. Keine Angst vor großen Tieren!

Nur Gott sollen wir fürchten, lieben und vertrauen, wie Luther es in seinem Kleinen Katechismus zum ersten Gebot geschrieben hat. Viele von uns haben dieses Lehrwerk noch auswendig lernen müssen, ich auch. Doch aus dessen einfachen Worten spricht die ganze Weisheit des großen Kirchenreformers Martin Luther. Gott fürchten, lieben und vertrauen: Mehr brauchen wir nicht, um gut zu leben. Alles andere dürfen wir getrost Gott ans Herz legen in guten wie in schweren Zeiten. Das heißt glauben. So einfach ist das mit der Reformation. Auch heute noch.

(2016)

Ich bin ein Gast auf Erden ...
Andacht zum letzten Sonntag im Kirchenjahr

Im Spätherbst hatten wir uns noch einige Tage Urlaub an der Nordsee gegönnt. Auf der wunderbaren Sandbank vor St. Peter-Ording an der schleswig-holsteinischen Nordseeküste die würzige Seeluft zu genießen, ist für unsere Familie stets äußerst erholsam. Bei strahlendem Sonnenschein und immer noch milden Temperaturen konnten wir sogar noch im Strandkorb sitzen. Aber genauso genieße ich jedes Mal die langen Spaziergänge an der Wasserkante entlang im Wechselspiel von Ebbe und Flut.

„Warum fahrt ihr nicht einfach mal nach Norderney?", so fragt meine Schwiegermutter jedes Mal. „Hier in Ostfriesland habt ihr doch die Nordsee buchstäblich vor der Tür." Doch das ist etwas ganz anderes.

Denn erst wenn man von zuhause weggefahren ist, stellt sich ein, worauf es ankommt, damit der Urlaub wirklich erholsam werden kann. Anderswo, ein bischen weiter weg von zuhause, komme ich zur Ruhe. Das Gefühl für die Zeit verändert sich. Ich spüre, wie die Tage im Urlaub einen anderen Rhythmus bekommen. Erst dann kann ich loslassen von der fest verplanten Zeit eines jeden Tages zuhause mit all meiner Arbeit und den Erfordernissen des Familienalltags. Vom ersten Tag des Urlaubs an überlegen wir, wie wir diese kostbare Zeit genießen können - je nach dem, was das Wetter noch zuläßt im Spätherbst an der Nordsee. Jeder Tag ist wieder anders, aber er läßt mich auch zur Ruhe kommen.

Am ersten Abend in unserer Ferienwohnung schmieden wir erst einmal Pläne. Was könnten wir alles unternehmen mit den Kindern? Was machen wir, wenn es mal richtig regnet? Der ganze Urlaub liegt ja noch vor uns.

Doch dann, so um die Mitte der Ferientage herum, stellt sich ein neues Gefühl ein: Jetzt kommt das Restprogramm. Was wollen wir noch unternehmen in den Tagen, die uns noch verbleiben? Bald schon heißt es wieder Koffer packen und die Heimreise antreten. Können wir zufrieden sein mit dem, was wir erlebt haben am Strand von St. Peter-Ording? Doch, doch – es hat sich wieder gelohnt. Froh und dankbar schauen wir auf diese erholsamen Tage zurück, an denen wir noch einmal herausgekommen sind aus dem Alltagstrott. Und ein bischen freuen wir uns auch schon wieder auf zuhause.

Wenn wir danach im November angesichts des heraufziehenden Winters den Blick nach innen richten, über unser Leben nachdenken und vielleicht auch Bilanz ziehen, dann nehme ich aus den Urlaubstagen im Spätherbst das Gefühl mit: Solch eine Urlaubsreise erinnert mich an den Lauf unseres Lebens.

Die Anfänge stecken noch voller Verheißungen. Die ersten Jahre, die Kinder- und Jugendzeit, vergehen ganz langsam. Stets sind wir stürmisch und ungeduldig. An unseren eigenen Kindern sehen wir das doch: Nach und nach entdecken sie die Welt und stellen sich den Herausforderungen in der Schule. Doch zwischen den abwechslungsreichen Ferien im Sommer, Herbst und Winter liegt eine ganz lange Zeit. Sie will gefüllt sein. Und die Zeit des Wartens bald schon im Advent verrinnt auch viel zu langsam. Da wächst die Ungeduld.

Wenn wir erwachsen werden, wenn wir uns im Leben zurechtgefunden und unseren Platz in der Welt erobert haben, vergeht die Zeit schon viel schneller. Was ist schon eine Woche im Arbeitsleben? „Mittwoch wird die Woche geteilt": Wie oft hat ein Bekannter mir diese schlichte Weisheit augenzwinkernd entgegengehalten. Doch was ein scherzhafter Trost angesichts von zuviel Stress sein soll, jagt mir nur neue Schauer über den Rücken: Was muß ich in der zweiten Wochenhälfte noch alles schaffen, bis endlich das Wochenende naht?

Die Wochen rennen nur so dahin; die Jahreszeiten wechseln immer schneller. Bald schon ist wieder Weihnachten. Und überhaupt: Wo sind nur all die Jahre geblieben? Ein Jahr ist nichts: Jeder kennt dieses Gefühl. Immer schneller treibt es uns an.

Manchmal ist das Leben wunderschön, und sei es nur an erholsamen Urlaubstagen im Spätherbst. Dafür bin ich dankbar. Manchmal ist es auch schrecklich. Aber nie läßt sich auch nur ein Tag davon festhalten. Stunde um Stunde vergeht die Zeit. Tag für Tag, jahrein, jahraus. Im November führen wir uns vor Augen: Es geht auf ein Ende zu. Jedenfalls für mich geht es auf ein Ende zu. Meine Zeit hier auf Erden ist begrenzt. Und diese Grenze kommt immer näher.

In den Ferien kann man dieses Gefühl noch verkraften. Wenn ich von zuhause in den Urlaub aufbreche, weiß ich von Anfang an: Auch diese Reise hat ein Ende. Ein oder zwei erholsame Wochen am Urlaubsort, danach ist Schluß. Dann heißt es Abschied nehmen. So mancher tröstet sich mit dem Spruch: Nach dem Urlaub ist vor dem Urlaub. Denen fällt es wohl schwer, daheim die Langeweile zwischen ihren Urlaubsreisen zu überbrücken, denke ich ein bischen spöttisch. Oder meldet sich da schon der Neid?

Nur leider: Im wahren Leben ist das anders. Irgendwann heißt es Abschied nehmen - für alle Menschen. Ist das nun ein Abschied für immer? So fragen sich alle Trauernden am Totensonntag.

Manchem fällt es schwer, Abschied zu nehmen - Abschied auch vom eigenen Leben. Abschied nehmen von den eigenen Kräften, das verspürt jeder über fünfzig. Das gehört zum Leben dazu und fällt vielen doch ungewohnt schwer. Wir würden gern noch weitermachen. Wir würden gern noch bleiben. Bitter und schmerzlich ist es, gehen zu müssen. Zu wissen: Meine Zeit geht zu Ende hier auf Erden.

Die ganze Diskussion um die Sterbehilfe für Menschen, die mit ihrem Leben und mit dessen Einschränkungen, vor allem mit Schmerzen, nicht mehr zurechtkommen, verdeckt das nur. Der Tod, auch der selbstbestimmte Tod, ist immer nur die zweitbeste Lösung. Eigentlich wären wir gern noch geblieben. Das Leben war uns doch noch etwas schuldig. So oder so ähnlich lese ich es oftmals in Traueranzeigen: Wir hatten noch so viel vor.

Manche Menschen können eine andere Rechnung aufmachen. Sie vermögen ruhig Lebewohl zu sagen und in Frieden mit dem Leben abzuschließen, wenn es an der Zeit ist. Das ist der Wunschtraum von uns allen: im Frieden mit sich, mit Gott und der Welt auf das zugehen zu können, was mit dem Tod kommt - und was danach sein wird. „Das Alter ist ja da", so sagen es viele Menschen, die mir von ihren Gefühlen und Gedanken angesichts ihres näherrückenden Lebensendes erzählen. Das Alter ist ja da, und mit ihm die Zeit, Abschied zu nehmen.

Unvergessen bleibt mir eine alte Dame, die ich nur wenige Wochen vor ihrem 90. Geburtstag beerdigen mußte. In ihrer kleinen Wohnung auf einem typischen Ostfriesen-Sofa sitzend, hatte sie mir beim Tee oftmals aus ihrem kargen Leben erzählt. Meinem ungläubigen Staunen hielt sie entgegen: „Was ich nicht gehabt habe, das habe ich auch nicht gebraucht. Und wo ich nicht gewesen bin, da brauchte ich auch nicht hin." Fast schon beschämt über so viel Bescheidenheit gab ich ihr recht.

In dem langen 119. Psalm im Alten Testament heißt es dazu einmal: „Ich bin ein Gast auf Erden; verbirg deine Gebote nicht vor mir." (Ps 119, 19)

Ein kurzer Satz, wenige Worte nur: Ich bin ein Gast auf Erden. Nicht mehr und auch nicht weniger. Ein Gast ist in aller Regel doch gern gesehen, aber er geht auch wieder. Das steht von vornherein fest.

Im Urlaub ist das kein Problem. Da weiß ich das. Ordnungsgemäß habe ich auf der Arbeit Urlaubstage eingereicht und im Reisebüro das Quartier gebucht. Die Reise kann losgehen, aber sie endet auch bald schon wieder. Ein, zwei schöne, erholsame Wochen weg von zuhause, und das war´s.

Ist mein ganzes Leben auch nur so ein Gastspiel, auch nur eine Durchreise? Lieber keinen ernsthaften Gedanken daran verschwenden, sonst wird mir schwindelig. Wer denkt schon gern an das Ende seiner Reise durchs Leben? Zum wackeren Helden tauge ich nicht. Wer lebt wirklich Tag für Tag so, als wäre er der letzte?

Doch auf der Schlußetappe des Lebens sind wir dazu gezwungen. Erst recht, wenn wir das eigene Haus, die eigene Wohnung für immer hinter uns gelassen haben und zum Ende hin in einem Pflegeheim wohnen. Spätestens dann spüren wir, daß die Blüte des Lebens vorüber ist und die Kraft der Jahre nicht ewig anhält. Jetzt ist die Zeit wirklich kostbar - die Zeit, die noch verbleibt.

Denn längst schon fällt das Leben nicht mehr so leicht wie noch vor Jahren oder Jahrzehnten. Jeden Tag zu bestehen, kostet neue Kraft. Jetzt haben sich die düsteren, unerwünschten Gedanken eingestellt: die Gedanken ans Abschiednehmen nicht nur am Ende einer Urlaubsreise, sondern für immer. Abschiednehmen von diesem so schönen und auch so beschwerlichen Leben; von allem, was es mit sich gebracht hat an Freuden und auch an Ängsten und Nöten. All dies streife ich ab, wenn das Ende erreicht ist, denn: „Ich bin ein Gast auf Erden."

Das macht mich nachdenklich, an den kurzen Tagen im November ganz besonders. Nachdenklich werde ich nicht nur, was das Sterben, sondern auch was das Leben angeht. Denn als Gast sollen wir uns doch wohlfühlen können und die Zeit genießen.

Das Leben ist kostbar, jeder Tag davon. So kostbar wie die angeblich schönste Zeit des Jahres, wenn wir auf Reisen gehen. Merken wir das eigentlich? Ist uns das wichtig, gerade wenn die Tage eintönig verlaufen und draußen nichts mehr los ist im Spätherbst?

Im Urlaub suchen wir die Abwechslung. Jeder Tag und jede Minute wollen sinnvoll gefüllt sein. Sonst haben wir das Gefühl, wir verpassen etwas. Nichts ist schlimmer, als im Urlaub nicht zufrieden zu sein. Darum sperren wir die Augen auf und nehmen wahr, was es alles zu entdecken gibt in der Welt. Die Schönheit der Natur, alles, was neu ist und ungewohnt am Urlaubsort; die Menschen, die uns begegnen: Jetzt haben wir den Blick dafür. Mit vielen neuen Eindrücken kehren wir später heim. So soll es sein. Auch ich genieße das jedes Mal.

Ob wir auch sonst so leben könnten wie im Urlaub? Mit wachen Sinnen und offen für die Menschen, die uns begegnen? Dann macht es Freude, ein Gast zu sein - nicht nur im Urlaub, sondern im ganzen Leben. Denn „ich bin ein Gast auf Erden."

Ein Gast weiß auch: Nichts gehört mir auf ewig. Alles steht mir nur vorübergehend zur Verfügung: mein Hotelzimmer, die Ferienwohnung. Mit allem im Leben sollte ich ebenso pfleglich umgehen wie mit meinem Urlaubsquartier, denn alles ist ein kostbares Geschenk: meine Familie, mein Haus, meine Umwelt. Das, was das Leben in unseren Augen so lebenswert macht. Das gehört dazu, wenn man Gast ist: zu wissen, daß mir alles nur auf Zeit anvertraut ist und ich es wieder zurückgeben muß.

Im Grunde ist das ganze Leben ein Geschenk. Es ist mir sorgsam überreicht von Gott, der mich geschaffen hat. Auch mit diesem Geschenk, mit meinem Leben, sollte ich pfleglich umgehen. Und ich sollte damit zufrieden sein.

Das erwartet Gott von uns. Für alles im Leben hat er uns die nötige Zeit schenkt. Er ist unser Gastgeber, der es gut meint mit uns. Ich bin sein Gast auf Erden. Darum ist das Leben so kostbar, jede Stunde davon und jeder Tag.

„Ich bin ein Gast auf Erden; verbirg deine Gebote nicht vor mir." So lautet dieser eine Satz aus dem 119. Psalm vollständig. Ich bin ein Gast auf Erden, darum zeige mir, Gott, wo es langgeht. Zeige mir, wie dein Wille und deine Gebote mir Halt geben in der Zeit, die noch verbleibt.

Diesen Halt spüre ich auch dann, wenn ich Abschied nehmen muß – Abschied vom Leben. So weiß ich auch dann noch, wohin die Reise geht. Nach hause führt sie, zurück zu dem, der mich auf diese Reise geschickt hat und der bei mir ist in allem, was kommt. Wenn ich sterbe, dann geht es nach hause. Endgültig, für immer und ewig.

Doch das heißt ja auch: Niemand von uns ist jetzt schon wirklich zuhause. Auch braucht sich keiner zu grämen, wenn er sein langjähriges Zuhause verlassen mußte, um im hohen Alter in ein Pflegeheim zu ziehen. Und selbst wenn wir uns dort von neuem heimisch fühlen und gut aufgehoben sind: Es gibt eine andere Heimat, die wir noch gar nicht kennen. Auf diese Heimat gehen wir alle erst noch zu. Darum hat Ernst Bloch, ein großer Gelehrter im vergangenen 20. Jahrhundert mit all seinen Wirren, einmal gesagt: Heimat ist, wo noch niemand war. Heimat ist ein Ort der Sehnsucht, der Hoffnung und der Zuversicht. Ein Zufluchtsort, auf den wir alle uns erst noch freuen dürfen. Heimat ist das Ziel unserer Reise durchs Leben.

Ich bin ein Gast auf Erden. Auf der Durchreise bin ich, aber Gott weiß, wohin mein Weg mich führt. Wie gut tut das. Wir irren nicht orientierungslos durchs Leben, sondern Gott hat einen Plan. Er läßt uns ankommen bei sich, wenn die Lebensreise hier auf Erden zu Ende geht wie noch jede Reise. Bei Gott finden wir unsere Heimat. Bei ihm sind wir voll und ganz zuhause. Da treibt uns nichts und niemand mehr weg. Bei Gott sind wir geborgen in Zeit und auch in Ewigkeit. Wie gut, wenn dieses Gefühl uns auf dem Weg durch die dunklen und gedankenschweren Tage gegen Ende des Jahres leitet. (2014)

Ein Teil der Ewigkeit

Solange es Menschen gibt auf dieser Welt, machen sie sich Gedanken über die Zeit. Solange wir leben, denken wir darüber nach. Was ist überhaupt Zeit? Zeit ist vor allem unsere Lebensspanne: die Jahre und Jahrzehnte, die wir hier auf Erden verbringen. In mancherlei Gesprächen habe ich dazu gleich gehört: Wie gut, daß wir nicht wissen, wie lange das geht. Wie gut, daß wir nicht wissen, wieviel Zeit uns noch bleibt.

Zeit ist für uns auch eine Frage der Einteilung. Manchmal wird uns die Zeit knapp – jedenfalls für Dinge, die wir schnell noch erledigen müssen. Die Zeit ist gerade knapp für mich - das Gefühl kennt jeder, ob jung oder alt, ob auf der Arbeit oder schon im Ruhestand. Jeder erlebt die Zeit anders, je nach Alter und Gefühlslage. Zeit ist das, was wir erleben, vom Morgen bis zum Abend, vom Abend bis zum Morgen - Tag für Tag, jahrein, jahraus. Immer wieder neu, immer wieder anders.

Zeit ist allgegenwärtig. Sie ist immer da. Manchmal, wenn es uns rundum gut geht, meinen wir, die Zeit vergehe wie im Fluge. Ein andermal, wenn wir uns einsam und verzweifelt fühlen, schleicht die Zeit nur langsam dahin. Der amerikanische Pfarrer und Dichter Henry van Dyke hat diese ganz unterschiedlichen Erfahrungen mit der Zeit vor etwa hundert Jahren in das folgende kleine Gedicht gefaßt. Auf Deutsch lautet es:

„Zeit ist zu langsam für die, die warten; zu schnell für die, die sich fürchten; zu lang für die, die sich grämen; zu kurz für die, die sich freuen. Aber für die, die lieben, gibt es gar keine Zeit."

Diese schönen Zeilen hat Henry van Dyke einst für eine gute Freundin geschrieben. Sie hatte sich eine Sonnenuhr aus Sandstein gekauft und ließ sie in ihrem großen Garten aufstellen. Wer weiß, vielleicht hat sie einmal mit ihrem Mann vor dieser Sonnenuhr gestanden, und die beiden haben in ihrer Liebe tatsächlich die Zeit vergessen. Wer verliebt ist, kennt keine Zeit mehr.

In das steinerne Zifferblatt dieser besonderen Uhr hat ein Steinmetz dann das Gedicht von Henry van Dyke geschrieben. Solch eine Sonnenuhr, wie sie heute noch an Hauswänden oder im Garten zu finden ist, funktioniert ohnehin nur bei Sonnenschein. Denn sie zeigt die Stunden an, je nach dem wie der unbewegliche Zeiger in der Mitte auf dem Zifferblatt seinen Schatten wirft. Dazu in Stein gemeißelt die wunderbaren Gedichtzeilen darüber, wie jeder für sich die Zeit erfährt, mal rasend schnell und mal quälend langsam: Mehr läßt sich über die Zeit nicht sagen.

Doch ohne unsere Uhren kommen wir nicht aus. Wir müssen die Zeit messen, auch wenn wir sie nicht sehen und nicht hören können. Mit unseren Sinnen können wir die Zeit nicht wahrnehmen, allenfalls im Wechsel von Tag und Nacht. Und doch ist sie immer da. Forscher, die sich mit dem Beginn der Zeit beschäftigen, je nach Sichtweise mit dem Urknall oder der Erschaffung der Welt, sagen uns: Zeit ist Bewegung. Zeit ist das, was sich in der Welt bewegt. Zeit ist nicht zuletzt die Bewegung der Welt selber, seit ihrem Beginn. Bekanntlich dreht sie sich um die Sonne und nicht umgekehrt.

Zeit ist Bewegung. Das zeigt uns jede Uhr. Sie mißt nichts anderes als Bewegungen. Langsam wandert der Schatten des Zeigers auf der Sonnenuhr weiter über das Zifferblatt. Ganz allmählich rieseln die Sandkörnchen durch eine Sanduhr. In einem besonders geformten Glas, das aus zwei Kammern besteht, fällt Sand durch eine winzige Öffnung von oben nach unten. Je nachdem, wie eng diese Öffnung ist und wie fein die Sandkörner sind, dauert es einige Minuten oder auch eine halbe oder ganze Stunde, bis der Sand von der oberen in die untere Kammer gerieselt ist. Die Sanduhr zeigt eine einfache Fallbewegung und mißt zugleich deren Zeitdauer. So mancher hatte ein Sanduhr zuhause in der Küche und hat damit die Zeit beim Eierkochen gemessen. Meine Kinder nutzen eine kleine Sanduhr für die Dauer des Zähneputzens im Bad.

Heute messen wir die Zeit für gewöhnlich mit der Uhr an der Wand oder am Handgelenk. Auch dabei bewegt sich etwas: zwei Zeiger auf einer Mittelachse bewegen sich im Kreis herum, rund um das Zifferblatt. Der eine schneller und der andere langsamer. Der Minutenzeiger braucht sechzig Minuten für eine Umdrehung, der Stundenzeiger zwölf Stunden. Kommt noch ein Sekundenzeiger dazu, dann können wir ohne Probleme sehen, wie er weiterwandert und wie die Zeit vergeht. Denn er dreht sich in nur einer Minute einmal rundherum.

Zeit ist Bewegung. Immer und für jeden von uns. Die Zeit vergeht, und wir gehen mit, sagen wir darum auch. Daran ändert sich auch nichts, wenn unsere Uhr stehen geblieben ist. Dann ziehen wir sie wieder auf oder brauchen neue Batterien für das elektrische Uhrwerk. Selbst wenn alle unsere Uhren stehen geblieben wären, bewegt sich die Zeit weiter. Wir könnten ihre Bewegung dann nur nicht mehr messen.

Die größte Maßeinheit für unser Lebensgefühl wäre dann unsere gesamte Lebensspanne zwischen Geburt und Tod. Wie gut, daß wir diese Maßeinheit nicht kennen. Und daß sie bei jedem Menschen anders ist. Mal kürzer und mal länger dauert unser Leben, und das kann niemand von vornherein wissen.

Nur einer macht da eine Ausnahme. Das ist Gott. Von ihm heißt es darum einmal in einem Psalm (Ps 31, 15.16a): „Ich aber, Herr, hoffe auf dich und spreche: Du bist mein Gott! Meine Zeit steht in deinen Händen."

Für mich bedeutet das: Was ich nicht wissen kann, das weiß nur Gott. Nämlich wie lange mein Leben wirklich dauert. Meine Tage sind von Gott gezählt wie die Haare auf meinem Kopf, heißt es darum in einem anderen

Psalm auch einmal. Und die Haare werden unübersehbar weniger und nicht mehr. Gott weiß das, und das ist gut.

Er kennt auch die ganze Bewegung der Zeit - von Anfang an. Nichts anderes meinen wir, wenn wir davon reden, Gott habe die Welt geschaffen. Er hat diese Bewegung überhaupt erst in Gang gesetzt. Die Vergangenheit überschaut er ebenso wie die Gegenwart und auch die Zukunft. Das kann nur Gott. Wir haben ja schon unsere liebe Mühe und Not damit, unser eigenes Leben zu überblicken - und auch davon nur den Teil, der schon hinter uns liegt. In die Zukunft vorausschauen können wir nicht.

Festhalten läßt sich von alledem nichts. Allenfalls Erinnerungen an vergangene Zeit bleiben uns erhalten. Je länger unser Leben dauert, desto mehr. Irgendwann verblassen auch sie. Doch bei Gott ist das alles aufgehoben: unser ganzes Leben. Gott ist wie so ein unendlich großer Speicher, der alles in sich aufnimmt. Jedes seiner Geschöpfe, unabhängig von dessen Lebensdauer. Was für mich schon Vergangenheit ist, was ich gerade als Gegenwart erlebe und was mich noch in Zukunft erwartet: Alles ist vor Gott immer schon und immer noch da - und wird es bleiben.

Mit meiner Zeit stehe ich selbst in Gottes Händen. Mit allem, was mein Leben ausmacht. Meine Vergangenheit, die mit den Jahren immer größer wird und die ich nicht ungeschehen machen kann; meine Gegenwart, die ich wie noch jeder ganz und gar einzigartig erlebe, mal fröhlich und dankbar, mal kummervoll und ängstlich; meine Zukunft, die Zeit, die mir hier auf Erden noch bleibt: Das alles steht in Gottes Händen. Es ist bei ihm gut aufgehoben. Im wahrsten Sinne des Wortes: Gott hebt mein Leben auf wie etwas ganz Kostbares; er nimmt es in die Hand und läßt es sich durch nichts und niemanden wieder entreißen. So sagt es Jesus einmal zu seinen Jüngern. Etwas Besseres kann ihnen und auch mir noch gar nicht passieren.

Das prägt unseren Umgang mit der Zeit. Wo wir genießerisch und doch vergeblich wie Goethes Faust zum Augenblick sagen möchten: Verweile doch, du bist so schön!, da erfahren wir: Es geht nichts verloren. Und umgekehrt: Wo wir gedankenverloren im Rückblick bessere Zeiten in der Vergangenheit verklären, da hören wir: Das Beste kommt erst noch.

Dies war der Wahlspruch eines guten und im Leben beruflich äußerst erfolgreichen Freundes. Hochbetagt ist er verstorben, doch auch als das Alter für ihn beschwerlich geworden war, hielt er an seiner lebenslangen Zuversicht fest. Wie oft hat er sie in unsere Gespräche eingeflochten: Das Beste kommt erst noch. Darauf dürfen wir uns freuen. Gott hält noch viel für uns bereit - in Zeit und auch in Ewigkeit. Bei ihm geht nichts und niemand verloren.

All unsere Zeit ist immer nur Teil eines Größeren. Unser Leben ist Teil von Gottes Ewigkeit. Gott überschaut das Ganze, wir nur einen Teil davon. Darum brauchen wir uns nicht zu grämen, daß die Zeit für unser Gefühl mit den Jahren immer schneller verläuft und unsere Bewegungen im Alter immer langsamer werden, obwohl doch die Uhren uns zeigen, wie die Zeit im immer gleichen Maß voranschreitet.

Darum wünsche ich mir, jede Zeit bewußt erleben zu können: die Zeit der Freude und der Hoffnung ebenso wie die Zeit der Ängste oder sogar der Zweifel. Denn es gibt einen, der hinter allem steht und auf uns acht gibt in jeder Minute und jeder Stunde: Das ist unser Gott. Er hat alles geschaffen und darum überblickt er alles: unser kleines Leben ebenso wie den Strom der Zeit, der zuletzt einmündet in Gottes Ewigkeit. Erst dann steht nicht nur der Zeiger auf unserer Uhr still, sondern alle Zeit der Welt. Das ist das große Ziel all unserer Hoffnungen, die wir auf Gott setzen.

„Meine Zeit steht in deinen Händen, Gott!" Das trägt uns durchs Leben und hat Bestand, heute und morgen bis in alle Ewigkeit. (2016)

Weihnachten ohne Jesus?

Vor gut fünfzig Jahren durfte er endlich erscheinen, der Roman „Meister und Margarita“ des russischen Schriftstellers Michail Bulgakow. Mehr als ein Vierteljahrhundert lebte Bulgakow da bereits nicht mehr. Er starb 1940 mit gerade mal 49 Jahren.

In seinen letzten Lebensjahren hatte Bulgakow einen satirischen Roman über die kommunistische Umerziehung der Menschen nach der Oktoberrevolution 1918 geschrieben, doch dieses Buch wurde sofort verboten. Zu deutlich hatte der Autor beschrieben, wie verführbar die Menschen auch in der sozialistischen Gesellschaft der noch jungen Sowjetunion seien. Denn niemand anderes als der Teufel persönlich führe sie aufs Glatteis. Solch schonungslose Offenheit duldeten die politischen Machthaber nicht. Für sie stand fest: Bulgakow verhöhnt mit seinem Roman die Erfolge der politischen Neuordnung in Rußland. Erst 1966 konnte das Buch doch noch erscheinen, weil man es in Moskau mittlerweile für nicht mehr so gefährlich hielt.

Gleich zu Beginn erzählt Michail Bulgakow von einem Gespräch zwischen einem russischen Schriftsteller und seinem Verleger. In dessen Auftrag hat jener Dichter für eine Zeitschrift einen Text geschrieben, in dem der christliche Glaube angeprangert und schlecht gemacht werden sollte. Nun könne er gedruckt werden, ist sich der Autor sicher. Doch der Verleger gibt sich mit dem Ergebnis nicht zufrieden. Darum stellt er den Dichter zur Rede.

Dieser habe in seinem Text Jesus zwar in den düstersten Farben beschrieben und ihm lauter schlechte Eigenschaften beigelegt - alles gut und schön. Abschreckend genug. Besser wäre es jedoch, so hält der Verleger dem Schriftsteller entgegen, er hätte statt dessen gezeigt, daß es Jesus ohnehin gar nicht gegeben habe. Dafür gebe es schließlich wissenschaftliche Beweise genug! Darum solle er noch einmal neu ans Werk gehen. Nur so könne man den Menschen zeigen, mit welchem Unsinn die Kirche sie immer noch betöre. Damit müsse jetzt Schluß sein, ist sich der Verleger sicher.

Auch wenn Michail Bulgakow dieses Streitgespräch zu Beginn seines Romans nicht im Dezember, sondern an einem heißen Frühsommertag in einem Moskauer Park stattfinden läßt - für mich paßt es besser in die Vorweihnachtszeit. Denn im Advent frage ich mich: Könnte dieser radikal antichristliche Verleger am Ende Recht behalten haben? Spricht er womöglich vielen Menschen aus der Seele, nicht nur in der längst untergegangenen Sowjetunion? Erledigt hat sich seine wahnwitzige Idee mit dem Ende des Kommunismus vor drei Jahrzehnten jedenfalls noch lange nicht!

Ganz im Gegenteil: Im Advent zeigt sich unübersehbar, daß sie unseren Alltag beherrscht. Denn in den vier Wochen vor dem Weihnachtsfest bereiten Christen und Christinnen in aller Welt sich auf die Botschaft von der Ankunft des Gottessohnes Jesus von Nazareth in der Welt vor. Das heißt Advent, sagt die Tradition unseres Glaubens. Gott kommt mitten hinein in unsere Welt. Doch wir bereiten unser Weihnachtsfest vor, als hätte es Jesus nie gegeben.

Hinter all dem Flitter der Weihnachtsmärkte und der Glühweinseligkeit unserer Weihnachtsfeiern hat sich Jesus längst aus dem Staub gemacht. Und keiner hat´s gemerkt. Niemand vermißt ihn. Weihnachten feiern, das geht auch ohne Jesus. Ohne den eigentlichen Anlaß dieses Festes: die Geburt von Gottes Sohn in der Heiligen Nacht.

Auch ohne kommunistische Umerziehung haben wir Jesus erfolgreich aus unserem Leben herausgedrängt. „Diese Freiheit nehm´ ich mir“, wie es in einem alten Werbespruch für eine Kreditkarte einmal hieß. Warum denn auch nicht? Niemand kann dazu gezwungen werden, Weihnachten wirklich auf christliche Weise zu feiern: mit Gottesdienstbesuch und der Weihnachtsgeschichte aus dem Lukasevangelium.

Dennoch frage ich mich noch jedes Mal im Advent: Was bleibt vom Weihnachtsfest noch übrig, wenn wir so tun, als hätte der Verleger in Michail Bulgakows Roman nur ausgesprochen, was immer schon richtig war: Jesus hat es nie gegeben? Dafür braucht man den Roman „Meister und Margarita“ nicht mal gelesen zu haben, um vielleicht doch nachdenklich zu werden in den Tagen und Wochen vor Weihnachten!

Nach Herzenslust gut essen und trinken, mit der Familie zusammensitzen und feiern oder mal ganz etwas anderes tun und über die Festtage auf Urlaub in den warmen Süden fliegen, dafür brauche ich kein Weihnachtsfest. Das kann ich an den restlichen 362 Tagen im Jahr genauso gut. Doch ich will auch niemandem sein Familienfest verleiden. Denn Freunde erzählten mir vor Jahren im Advent einmal von ihren eigenen Weihnachtsbräuchen: „Selbst wenn wir es nicht schaffen“, so sagten sie, „an Heiligabend in den Gottesdienst zu gehen, oder auch gar nicht daran gedacht haben: Die Bescherung für unsere Kinder gibt es erst, nachdem die Weihnachtsgeschichte vorgelesen wurde. Das ist schon Tradition bei uns.“

Auch so kann man dem antichristlichen Verleger in Michail Bulgakows Roman die Stirn bieten – nicht nur zu Weihnachten.

(2016)

Alle Tage Weihnachten?

Jetzt hat auch Husum sein Weihnachtshaus. Der kleine Hinweis im Gästemagazin von St. Peter-Ording ließ mich aufmerken, als wir unseren Herbsturlaub wieder einmal in dem Kurort an der schleswig-holsteinischen Nordseeküste verbrachten. In der „grauen Stadt am grauen Meer", wie der vor zweihundert Jahren in Husum geborene Theodor Storm seine Heimatstadt in einem Gedicht nannte, gehe es kunterbunt zu - jedenfalls im Weihnachtshaus, so war zu lesen.

Bereits als ich vor einigen Jahren noch in Heidelberg an der Universität gearbeitet habe, fand ich ich es putzig, daß die zahlreichen amerikanischen und japanischen Touristen in der dortigen Altstadt zu jeder Jahreszeit nicht nur das berühmte Schloß und die altehrwürdigen Kirchen bewunderten, sondern auch nach dem Weg zum Weihnachtshaus fragten. Schon damals gab es in Heidelberg am Universitätsplatz ein Geschäft, in dem man ganzjährig Weihnachtsartikel kaufen konnte. Rauschgoldengel, Krippenfiguren und Herrnhuter Sterne waren bei den Touristen auch bei brütender Hitze im August höchst begehrt als Mitbringsel aus „good old Heidelberg". Kann man wirklich das ganze Jahr über gute Geschäfte mit dem Weihnachtsfest machen?, fragte ich mich damals, wenn ich auf dem Weg in unser Universitäts-Institut in der Altstadt am Weihnachtshaus vorbeikam. Dort herrschte immer ein Kommen und Gehen.

Was bedeutet es, wenn ich mir beim Stöbern im Weihnachtshaus bereits mitten im Sommer überlege, welche Dekorationsartikel ich für mein Weihnachtsfest Ende Dezember zuhause brauche? Kann man sich an jedem Tag des Jahres in Weihnachtsstimmung versetzen? „Advent ist im Dezember" lautete vor Jahren die Kampfansage im Rahmen einer kirchlichen

Kampagne gegen allzu früh beginnende Weihnachtsmärkte und gegen Schokoladen-Weihnachtsmänner im Handel schon ab September. Diese Schlacht ging wohl verloren. Nicht nur in Heidelberg - und neuerdings auch in Husum.

Der Schriftsteller Henning Boëtius, der auf der Nordseeinsel Föhr aufwuchs, beschreibt in seinem 2017 erschienenen autobiographischen Roman „Der Insulaner", wie seine Mutter in seiner Kindheit für ihren einzigen Sohn die großen Feste des Jahres, auch das Weihnachtsfest, eindrucksvoll und mit viel Liebe gestaltete: „Mit großem Geschick vermochte sie es, Heiligabend das ganze Jahr über mit allerlei Prophezeiungen und Andeutungen für mich zum Gipfel eines hohen Berges aus vielen Tagen zu machen, den es zu erklimmen galt, wobei die Adventszeit der letzte steile Anstieg war, anstrengend und spannend zugleich." Also doch: alle Tage Weihnachten?

In St. Peter-Ording lohnt es sich, auch der Kirche einen Besuch abzustatten, die dem Ort seinen Namen gab: St. Peter im Ortsteil Dorf. Eindrucksvollstes Schmuckstück in diesem kleinen Kirchlein auf seiner Warft ist ein wundervoller Schnitzaltar aus der Zeit, als Martin Luther in Eisleben zur Welt kam. Um 1480 ist er entstanden und zeigt lauter Szenen aus dem Leben von Jesus. Dazu gehört auch der Besuch der Heiligen Drei Könige beim neugeborenen Jesuskind in der Krippe im Stall zu Bethlehem.

In zahlreichen alten Kirchen mit solchen spätgotischen Altären begegnet das Weihnachtsgeschehen den Gläubigen zu jeder Jahreszeit. In modernen evangelischen Gotteshäusern ist es hingegen das Geschehen vom Karfreitag. Das ist eben typisch evangelisch: Das Kreuz, an dem Jesus sterben mußte und so das Heil der Welt errang, steht unübersehbar im Mittelpunkt. Doch was löst es im Betrachter aus, wenn der Blick auf den Altar zu jeder Zeit im

Kirchenjahr auch das weihnachtliche Jesuskind in seiner Krippe streift, selbst im Sommer, wenn St. Peter-Ording voller Badegäste steckt?

Nicht nur zu Weihnachten lasse ich mich von Altarbildern wie dem in unserem Urlaubsort an der Nordsee gern daran erinnern, daß damals in der Heiligen Nacht Gott selbst zur Welt kam, um das Leben mit uns zu teilen. Nichts und niemandem ist der Gottessohn Jesus Christus fortan aus dem Weg gegangen; in Freud und Leid stand er den Menschen zur Seite, so erzählen es die Evangelien. Liebe und Haß hat er am eigenen Leib erfahren, „denn Gott war in Christus", wie es der Apostel Paulus schreibt (2 Kor 5, 19). Seither kennt Gott unser Leben und weiß, daß es stets zerbrechlich und gefährdet ist. Dafür will ich ihm danken an jedem neuen Morgen. Dann ist tatsächlich Weihnachten an jedem Tag des Jahres - nicht nur zwischen Rauschgoldengeln und Krippenfiguren in Weihnachtshäusern.

(2017)

Ernste Fragen

Hast Du Angst vor dem Tod? Mit Fragen wie dieser wollte ich mich nun wirklich nicht beschäftigen, wenn ich in einem Café sitze, um mich bei einer Tasse Kaffee oder Capuccino zu entspannen und vielleicht eine Zeitung dabei zu lesen. Doch den Gästen im „Café am Rande der Welt", von dem John Strelecky in seinem überaus erfolgreichen gleichnamigen Buch aus dem Jahre 2007 erzählt, widerfährt genau dies. Denn dort finden sie auf der Speisekarte neben einem reichhaltigen Angebot an Getränken und Snacks auch drei ernste Fragen:

Warum bist du hier?

Hast du Angst vor dem Tod?

Führst du ein erfülltes Leben?

John Strelecky siedelt dieses seltsame Café irgendwo in den Weiten des amerikanischen Westens am Rande eines Highways an. Hierher verschlägt es nur Durchreisende wie den namenlos bleibenden Held der Erzählung. Zu fortgeschrittener Stunde liest er die drei Fragen auf der Speisekarte, während er auf seine bestellte Mahlzeit wartet, und ist schockiert. Doch sie lassen ihn so leicht nicht los. Beim Essen beginnt er darum, über sein bisheriges Leben zu grübeln. Zudem spricht die Service-Kraft ihn unversehens darauf an, ob er auf der Speisekarte auch die drei Fragen gelesen habe und etwas damit anfangen könne. Nur wenige Gäste sind so spät noch zu bedienen, darum kommen die beiden miteinander ins Gespräch.

Die Antwort auf die Fragen finde der Gast, wenn er geklärt habe, was sich für ihn ganz persönlich mit den drei Buchstaben ZDE verbinde. Dann müssen diese ernsten Fragen ihn nicht mehr beunruhigen, so beschwichtigt die Bedienung den Gast am Tisch. ZDE, das sei die hier im Café gebräuchliche Abkürzung für den „Zweck der Existenz". Hinter das Geheimnis namens ZDE zu kommen, beantwortet alle drei Fragen auf der Speisekarte, so dämmert es dem Gast. Längst ist er neugierig geworden.

Im nächtlichen Gespräch mit der Service-Kraft, dann auch mit dem Koch und Inhaber des Cafés und schließlich mit einem weiteren Gast erfährt er: Sein Zweck der Existenz besteht darin, daß er die Dinge tut, die er wirklich tun möchte, und nicht, was andere von ihm erwarten. Wie das sein Leben schlagartig verändern wird, ahnt er, als er noch in derselben Nacht lauter Geschichten darüber zu hören bekommt, welch befreiende Wirkung davon ausgehe, sich endlich Zeit zu nehmen für die Dinge im Leben, die einem persönlich wichtig sind. Mehr noch: Wer seinen Zweck der Existenz tatsächlich erfüllt hat, brauche nicht mal mehr Angst vor dem Tod zu haben, erzählt ihm die emsige und wortgewandte Service-Kraft. Denn nichts von dem, was ihn glücklich mache, wäre weiterhin aufgeschoben wie bisher. Und der namenlose Gast gibt ihr recht.

Könnte ich dieser Einsicht allen Ernstes widersprechen, fuhr es mir durch den Kopf, als ich dieses tiefsinnige kleine Buch von John Strelecky las, das ich zu Weihnachten geschenkt bekam. Jeder ist heutzutage doch auf der Suche nach der „work-life-balance", einem ausgewogenen, lebensdienlichen Verhältnis zwischen Arbeit und Freizeit. Wir alle fühlen uns pausenlos gestresst davon, daß wir stets Anforderungen nachkommen müssen, die andere an uns stellen, im Berufsleben ebenso wie in der Familie. Wo bleibt da noch Zeit für mich selbst? Für den Zweck meiner Existenz? Soll ich den immer weiter aufschieben – aufs Wochenende, auf den Urlaub, auf die Zeit im Ruhestand? Kein Zweifel: Die Lektion, die John Strelecky dem Helden seiner Erzählung vom Personal jenes seltsamen Cafés erteilen läßt, spricht auch mir aus der Seele.

Ich habe das Büchlein - kaum mehr als hundert Seiten - auf dem Krankenlager gelesen, nachdem mich kurz vor dem Weihnachtsfest 2017 ein schwerer Herzinfarkt aus der Bahn geworfen hatte. Ein unübersehbarer Fingerzeig - die Krankheit sowieso, aber auch diese Erzählung?

Auf alle Fragen nach dem Sinn meines Lebens angesichts dieses Schicksalsschlages, die ich mir in der ersten, mühsam durchwachten Nacht nach dem Infarkt auf der Intensivstation gestellt habe - stellen mußte -, gibt die Erzählung eine Antwort. Und auch wieder nicht.

Denn natürlich hatte mich die Angst vor dem nahen Tod ergriffen. Was ist, wenn ich diese Nacht nicht überlebe? Was wird aus meiner Familie? Blutdruck, Pulsschlag und einiges mehr wurden ununterbrochen gemessen. Mit den Mitteln der Intensivmedizin war ich komplett überwacht und durch Infusionen dauerhaft mit diversen Medikamenten versorgt. Doch das geschädigte Herz schlug weiter unregelmäßig und nach wie vor viel zu schnell, und der riskant hohe Blutdruck ließ sich nicht senken. All das konnte ich am Bildschirm über meinem Bett mitverfolgen. Diese Nacht würde vielleicht die letzte meines Lebens sein, das ließ sich nicht mehr verhehlen. Möglicherweise schliefe ich völlig entkräftet ein und würde nie mehr aufwachen.

Der Tod kommt wie eine große Schere daher. Unweigerlich schneidet er alles ab, die Beziehungen zu unseren Familien und Freunden ebenso wie die Zeit, die noch bliebe, um den Zweck der Existenz zu erfüllen. Um die Dinge zu tun, für die ich mir bisher keine Zeit genommen habe. Beides schmerzt.

Angst vor dem Tod hat nur, wer nicht den Zweck seiner Existenz erfüllt hat - hier und jetzt und nicht erst irgendwann später im Leben. Das ist die Antwort auf die mittlere der drei Fragen auf dem Speiseplan im Café am Rande der Welt. Jedenfalls in John Streleckys Erzählung.

Doch in jener Nacht hätte mich diese Antwort nicht zu beruhigen vermocht. Nicht weil ich das Gefühl gehabt hätte, diesem Anspruch nicht gerecht geworden zu sein. Hätte ich von mir sagen können, daß ich Zeit genug gehabt habe, den Zweck meiner Existenz zu erfüllen, wie John Strelecky es seinen Lesern nahelegt? Wohl kaum. Diese Rechnung geht niemals auf. Gleichwohl habe ich darunter nicht auch noch zusätzlich gelitten nachts auf der Intensivstation. Ganz im Gegenteil. Gegen Morgen erfaßte mich plötzlich eine große innere Ruhe und ließ mich furchtlos doch noch einschlafen, bis der Frühdienst mich wieder weckte.

Die Angst vor dem Tod ist mir auf andere Weise genommen worden als John Strelecky es seinen Lesern weismacht. Denn irgendwann im Laufe jener Nacht bekam ich das Gefühl: Es ist jetzt auch gut so. Mir entgeht nichts mehr im Leben, und der Welt entgeht nichts, wenn meine Zeit hier auf Erden jetzt zu Ende ist. Ich habe alles gegeben – meiner Familie, meinen Freunden, meiner Gemeinde - und dennoch nichts verpaßt im Leben. Ob ich vieles aufgeschoben habe, auch an mich selber zu denken und so den Zweck meiner Existenz zu erfüllen, wie John Strelecky sagt, oder nicht, das ist jetzt vollkommen unerheblich. Wenn es sein soll, kann ich mein Leben loslassen, so wie es bisher verlaufen ist.

Sobald sich das Ende unseres Lebens nähert, erweist Gott sich uns als gnädig und schenkt uns einen tiefen inneren Frieden. So jedenfalls habe ich es erfahren in der ersten Nacht nach dem Herzinfarkt im Angesicht des möglichen Todes. Darum dürfen auch wir gnädig mit uns selber umgehen.

Darauf setzen Christen ihr Vertrauen schon mitten im Leben und nicht erst an dessen Ende. Das nimmt ihnen die Furcht davor, ihren persönlichen Zweck der Existenz immer zu verfehlen, weil zuviele Ansprüche von außen ihnen in die Quere kommen, und am Ende auch noch ungetröstet sterben zu müssen. Denn stets beschleicht uns das Gefühl, daß wir fremdbestimmt durchs Leben hasten und niemals ausreichend Zeit haben, auf das zu achten, was uns wirklich am Herzen liegt. So ergeht es jedem.

Hilft da der Weckruf, der aus den drei Fragen auf der Speisekarte in John Streleckys Erzählung vom Café am Rande der Welt an uns herantritt? Spendet er tatsächlich Trost? Oder ist es vielmehr die christliche Botschaft von einem gnädigen Gott, der uns geschaffen hat und der weiß, was er mit jedem seiner Geschöpfe anfangen wird in Zeit und auch in Ewigkeit?

Unweigerlich setzt der Tod unserem Leben eine Grenze. Für vernunftbegabte Menschen läßt sich das nicht verhehlen. Doch wir wissen weder Tag noch Stunde, wie es im Neuen Testament heißt. Die Möglichkeiten, unseren Zweck der Existenz zu erfüllen, werden immer begrenzt sein. Diese Grenze ist mit unserer Existenz vom ersten Tage an bereits mitgesetzt. Denn unser Leben endet einmal. Es bleibt immer ein Überschuß an Sehnsüchten und Wünschen im Leben unerfüllt. Das zu leugnen oder auszublenden, wäre töricht. Doch wie gehen wir damit um? Und was löst die letzte der drei Fragen aus John Streleckys Erzählung in uns aus: Führst du ein erfülltes Leben? Was ist das überhaupt?

Wenige Tage nach meinem Infarkt las ich in der Zeitung, mit welchen Worten des Bedauerns Angehörige nach dem Tod einer hochbetagten alten Dame die Traueranzeige überschrieben hatten: „Wir hätten so gerne noch viel mehr Zeit mit ihr verbracht." Die Verstorbene war immerhin 93 Jahre alt geworden. Der Tod kommt immer zu früh und trifft uns unvorbereitet.

Ein zweiter Einwand gegen John Streleckys kühne Behauptung, wer den Zweck seiner Existenz erfüllt habe, kenne keine Angst vor dem Tod, ging mir durch den Kopf in den ersten Tagen nach dem Herzinfarkt. Nicht allein nimmt der Tod uns kostbare Zeit, die Dinge zu tun, die wir persönlich mit einem erfüllten Leben verbinden, und läßt uns dadurch womöglich enttäuscht zurück. Viel zu vielen Menschen ist genau dies schon zu Lebzeiten verwehrt. Nicht weil sie gezwungenermaßen immer wieder aufschieben, den Zweck ihrer Existenz gemäß dem Ratschlag John Streleckys zu erfüllen. Vielmehr hindern Krankheiten oder andere Gebrechen sie daran, das zu tun, was ihren Wünschen entspräche und sie glücklich werden ließe. Oder sie wohnen schlicht nicht auf der privilegierten Seite des Erdballs. Da ist guter Rat teuer.

Mir ist es darum wichtiger, daß ich mich auf andere Weise mit dem Leben aussöhnen kann. Auch mit dessen Schattenseiten und mit Schicksalsschlägen wie jenem, der mich in der Nacht zum 3. Advent des Jahres 2017 an den Rand des Todes gebracht hat. Die innere Ruhe, die mich in der größten Not erfaßte, verdankte ich nicht einer geglückten Bilanz meines Lebens im Blick darauf, daß ich den Zweck meiner Existenz wahrlich erfüllt habe. Was mein Leben tatsächlich ausfüllt, das bekomme ich ohnehin geschenkt - auch in dessen dunkelsten Augenblicken. Christen erfahren Ruhe und Gleichmut darum in ihrem Glauben. Gott sei Dank.

(2018)

Printed by Books on Demand GmbH, Norderstedt / Germany